밥상
혁명

밥상혁명

ⓒ강양구·강이현, 2009

초판 1쇄 발행 2009년 12월 12일
초판 4쇄 발행 2011년 9월 19일 2000부(총8000부발행)

지은이 강양구, 강이현
펴낸이 김승희
펴낸곳 도서출판 살림터

기획 정광일
편집 조현주
표지디자인 정계수
본문디자인 이인희
필름출력 딕스
인쇄·제본 (주)현문
종이 월드페이퍼(주)

주소 서울시 마포구 서교동 395-27
전화 02-3141-6553
팩스 02-3141-6555
출판등록 2008년 3월 18일 제313-1990-12호
이메일 gwang80@hanmail.net

ISBN 978-89-85321-98-3 (03300)

밥상
혁명

세상을 바꾸는 21세기 생존 프로젝트

강양구·강이현 지음

알림터

'밥상혁명'이 시작됐다

아프리카 초원의 메뚜기 떼처럼

캄캄하게, 캄캄하게 세계화가 몰려올 때,

누가 앞장서 대지의 운명을 지켰던가?

역사의 모든 길이 어둠 속에 묻힐지라도

님이 꽂은 칼 한 자루 녹슬지 않으리니

세계 농민들의 이정표로 빛나리라.

이제 하늘 아래에서 가장 높은 곳이 된 여기!

밤마다 달빛이 찾아올 것을 우리는 믿노라.

바람도 구름도 지나갈 때마다 울어라.

지상의 모든 농민의 님, 이경해!

– 정도상, 「이경해 열사 1주기 추모시」

2003년 9월 10일, 농민 이경해 씨가 멕시코 칸쿤에서 세계화에 항거하며 목숨을 끊었다. 한 해 농사를 한창 마무리하고 수확의 기쁨을 나눠야 할 한가위에 멕시코에서 날아온 비보는 놀랍고 슬펐다. 그러나 정작 더 놀라운 것은 그가 목숨을 끊고 나서 한국 정부, 국내 언론이 보여준 태도였다.

안간힘을 쓰면서 세계화에 동참하려는 정부의 냉대야 그렇다 치자. 당시 대부분의 언론은 그의 죽음을 사건 기사로만 간단히 취급했지, 그의 행동이 갖는 의미를 심도 있게 다루지 않았다. 멕시코 칸쿤의 비극은 2년 전 미국 뉴욕의 비극(9·11)만큼도 주목을 받지 못했다. 이런 정부, 언론의 태도 탓일까? 모두 금방 그의 죽음을 잊었다.

외국은 달랐다. 미국의 『뉴욕타임스The New York Times』는 그의 고향을 찾았다. 이 외국 언론은 그의 삶을 통해 한국 농촌의 '절망적인 현실'을 조명했다. 영국의 『가디언The Guardian』도 르포 기사를 통해 한국 농촌의 비참한 모습을 담았다. 'Food First'로 널리 알려진 미국 식량과발전정책연구소에서 펴낸 책(『굶주리는 세계』)의 한국어판 서문은 그에 대한 추모사로 대체됐다.

오늘 이경해 씨는 영웅이며, 전 세계 농민운동의 순교자이다. 그의 정신은 굶주림을 끝장내려는 전 세계 농민의 투쟁에 활력을 불어넣고 있다. 우리는 이 한국어판 서문을 이 투쟁에 삼가 바치고자 한다.

정작 고국에서 아무도 주목하지 않던 그가 밖에서는 '농민운동의 순교자'로 주목을 받고 있었다. 바로 천덕꾸러기가 된 한국 농민의 현실이었다. 이렇게 먹을거리를 생산하는 이들이 외면받는 상황에서, 잊을 만하면 터지는 먹을거리 사고로 온 나라가 들썩거렸다. 더구나 석유 고갈 사태와 같은 에너지 위기를 경고하는 목소리도 어느 때보다 높다.

지구 온난화가 초래하는 기후 변화는 먹을거리 생산에 치명타를 줄 수도 있다. 아니나 다를까, 2008년에는 먹을거리 가격이 폭등해 세계 곳곳의 기아 사태를 더욱더 악화시켰다. 이런 상황에서 한국 정부는 사실상 농업을 포기하는 정책을 밀어붙이는 상황이었다. 뭔가 잘못돼도 크게 잘못됐다. 더 늦기 전에 무엇인가 해야만 했다.

이 책은 이런 답답함을 해소하려는 몸부림의 결과물이다. 2003년부터 틈나는 대로 먹을거리를 둘러싼 현실을 바꿔보려고 노력하는 이들을 찾았다. 그러면서 그들이 두 가지 열쇳말에 주목하는 사실을 알았다. 바로 '로컬푸드local food · 지역 먹을거리'와 '식량 주권food sovereignty'이 그것이다.

북아메리카, 유럽과 같은 북반구부터 남아메리카, 아프리카와 같은 남반구까지 전 세계 곳곳에서 생산자인 농민과 소비자인 시민이 손을 맞잡고 이 두 가지 열쇳말로 밥상을 바꾸고, 지역을 바꾸고 더 나아가 세상을 바꾸는 거대한 실험을 진행 중이었다. 곧바로 계획을 짰다. 2006년부터 2008년까지 미국, 영국, 인도, 일본, 프랑스, 캐나다 등을 찾았다.

남아메리카, 아프리카에서 진행 중인 시민, 농민의 주목할 만한 실험을 살펴보는 것은 일단 다음 기회로 미루기로 했다. 이미 세계 10위권의 경제 규모인 한국의 시민, 농민이 공감할 만한 실험을 소개하는 게 우선이라고 판단했기 때문이다. 결과적으로 이런 판단은 틀리지 않았다. 취재 내용의 일부를 기사로 우선 소개하자 반향이 적지 않았다.

전국 곳곳의 도시, 농촌에서 취재한 내용을 토대로 강연을 해달라는 요청이 쇄도했다. 강연장을 빼곡하게 메운 40대부터 70대의 농민이 기사를 출력해 손에 들고 있는 모습에 놀라기도 했다. 뒤늦게 지상파 방송국과 같은 다른 언론 매체에서 다큐멘터리를 만들겠다며 자료를 요구하는(!) 진풍경도 벌어졌다.

마침 2008년 여름에는 먹을거리를 놓고 전 국민이 촛불을 들고 거리를 나선 사상 유례를 찾아볼 수 없는 일도 벌어졌다. 먹을거리를 놓고 수년간 취재하고 집필하는 과정에서 여러 가지 고민도 깊어졌다. 이 책은 이런 내용을 갈무리해서 좀 더 많은 사람과 공유할 목적으로 내놓는 것이다.

밥상에 올릴 먹을거리 때문에 한순간도 불안한 마음을 놓을 수 없는 시민들, 도무지 희망이 안 보이는 막막한 미래에 늘 벼랑 끝에 서 있는 심정인 농민들, 이 책은 바로 이들을 우선적인 독자로 상정했다. 이렇게 먹을거리조차 지키지 못하는 무능한 어른을 탓하면서 2008년 5월 제일 먼저 촛불을 든 청소년은 이 책이 염두에 둔 또 다른 독자이다.

막상 책을 내놓으려다 보니, 기사를 골격으로 살을 붙인 탓에 다소 성긴 구성이 마음에 밟힌다. 그러나 덕분에 책을 통독하지 않고 필요한 부분만 읽어도 원하는 정보를 얻을 수 있는 책이 되었다. 애초에 책을 만들 때, 먹을거리 문제에 관심을 가진 이들의 길잡이가 될 만한 책을 의도했으니, 효용성은 더 높아진 셈이다.

취재하고 집필하는 과정에서 국내외의 여러 가지 자료를 검토했다. 그 과정에서 이 책을 쓰는 데 특히 많은 도움을 주고, 이 책에 더해 꼭 읽어봐야 할 책을 수십 권 소개했다. 이 책을 읽고 훨씬 더 깊은 고민이 담긴 그런 책을 손에 든다면 그것이야말로 가장 반가운 일이다.

원고를 마무리하면서 책의 제목을 고민하다 '밥/상/혁/명' 네 음절을 떠올렸다. 우리가 세계 곳곳에서 본 것이야말로 나부터 시작해 결국 세상을 바꾸는 혁명이었기 때문이다. 그들은 들판에서 총 대신 보습을 들고, 장터에서 칼 대신 장바구니를 들고 세상을 바꾸는 중이었다.

우리는 바로 거기서 희망을 보았다. 바로 우리가 본 희망을 많은 사람이 볼 수 있다면, 또 그것을 많은 사람이 실천한다면, 바로 거기서 밥상혁명이 시작되리라. 루쉰의 말을 기억하자. "한 사람이 먼저 가고, 걸어가는 사람이 많아지면 그것이 곧 길이 된다." 이제 이 책을 읽는 바로 당신이 한걸음을 내디딜 차례다.

2003년 9월 10일, 외로운 길을 먼저 간 이경해 씨에게 이 책을 바친다.

2009년 11월
강양구, 강이현

7장 빈 땅을 찾아라! 텃밭을 일궈라! 도시가 바뀐다

8장 우리 아이 급식, 언제까지 이대로 둘 건가요?

9장 이것은 '유행'이 아니라 '생존'입니다

10장 한국 정부는 국민을 굶겨 죽일 셈인가?

11장 '착한' 먹을거리, 과연 착하기만 할까?

1장

먹을거리가
사람을
공격한다

영국 런던의 메릴본Marylebone 거리에 있는 한 자동차 주차장. 일요일 오전인데도 사람들이 북적거린다. 장바구니를 들고 주차장으로 걸어가는 이들을 따라가니 주차장 면적의 절반쯤을 먹을거리를 가득 쌓아둔 20개의 매대가 차지하고 있다. 매주 일요일 오전 10시부터 오후 2시까지 열리는 '농민장터farmer's market'다.

이곳 농민장터에서는 20곳의 농가에서 온 농민들이 손수 생산한 먹을거리 33개 품목을 판매한다. 이들 대부분은 런던 주변 50킬로미터 이내에서 직접 먹을거리를 생산한다. 이런 농민장터는 2007년 5월 현재 런던에만 총 15곳이 있으며 이곳에서 직접 생산한 먹을거리를 파는 농민은 160여 명이나 된다.

남편, 아이를 데리고 농민장터에서 장을 보던 로라 빌(37) 씨는 근처

영국 런던 메릴본 거리의 주차장에서는 매주 일요일 농민장터가 열린다.

에 살다가 6개월 전에 다른 지역으로 이사를 갔다. 빌 씨는 "한 달에 한 두 번씩 꼭 장을 보러 온다. 이곳에 꽃, 사과, 토마토를 파는 단골 농민 이 있어서 테스코 같은 대형 할인점에는 가지 않는다"고 답했다.

미국, 영국, 일본, 캐나다, 프랑스 등 세계 각국에서 빌 씨 같은 사람 이 늘고 있다. 도대체 그들은 왜 상품도 많고, 값도 싼 대형 할인점을 마다하고 농민장터를 찾는 것일까? 초국적기업이 주도하는 먹을거리 산업이 전 세계인의 입을 관리하는 시대에 새삼 생산자와 소비자가 만 나는 '전근대적인' 방식으로 회귀하는 이들의 속내는 무엇일까?

먹을거리가
사람을 공격한다

농민장터는 최근 10년 동안 영국 전역에 수백 곳이 생겼다. 이렇게 소비자가 생산자를 직접 찾게 된 가장 큰 이유는 바로 먹을거리가 불안한 탓이다. 빌 씨는 "최근에도 BBC에서는 영국에서 제일 큰 대형 할인점인 테스코에서 판매하는 먹을거리의 문제점을 계속 고발하고 있다. 이런 상황에서 당연히 안전한 먹을거리를 찾을 수밖에 없다"고 말했다.

영국 에섹스대학의 줄스 프리티Jules Pretty 교수는 "1980년대만 하더라도 시민들은 먹을거리에 관심이 없었다. 불과 20년 새에 세상이 변했다"고 지적했다. 그는 "특히 광우병에 걸린 쇠고기를 먹으면 치명적인 변종 크로이츠펠트야코브병vCJD·인간광우병이 전염된다는 사실은 시민들이 먹을거리 안전에 관심을 가지는 결정적인 계기가 됐다"고 설명했다.

최근 유럽, 북아메리카 지역의 심각한 문제로 떠오른 비만도 한몫했다. 영양은 낮고 열량만 높은 먹을거리에 어린이, 청소년이 노출되면서 유럽, 북아메리카 각국의 비만은 급속히 늘고 있다. 영국에서는 어린이 비만이 12년 새에 7퍼센트 늘어 2~10세 어린이의 약 17퍼센트가 비만으로 분류된다. 뒤늦게 학교 급식을 개선하는 등의 조치가 취해졌지만 역부족이다.

이런 사정은 캐나다 역시 다르지 않다. 캐나다 밴쿠버 농민장터협회 타라 맥도널드Tara McDonald 사무총장은 "1994년 북미자유무역협정NAFTA이 시작된 후 외국의 먹을거리가 캐나다로 쏟아져 들어왔다. 이런 상황에서 일부 소비자가 좀 더 안전한 지역 먹을거리를 찾았고 그 결과 농

최근 10년 동안 영국 전역에 수백 곳의 농민장터가 생겼다.

민장터가 시작됐다"고 설명했다.

대륙을 넘나드는 먹을거리

　　　　　　　　　　왜 지역 먹을거리일까? 그 해답을 찾기 위해서는 우리의 식탁을 들여다봐야 한다. 우선 영국 요크대학 스톡홀름환경연구소(지부)의 앤디 존스^{Andy Jones} 연구원이 영국 식탁을 분석한 결과를 살펴보자. 먹을거리가 이동한 거리(푸드마일^{Food miles})를 살펴보면, 쇠고기는 오스트레일리아에서 2만 1,462킬로미터를 이동해 왔다. 감자는 2,447킬로미터를 이동해 온 이탈리아산, 당근은 9,620킬로미터를 이동해 온 남아프리카공화국산이다.

　쇠고기, 감자, 당근은 모두 영국에서 일 년 내내 구할 수 있다. 이런 사정은 한국의 식탁도 크게 다르지 않다. 중국산 양파, 당근, 마늘, 생강 등은 대부분 중국에서 910킬로미터를 이동해 온 것이다. 오스트레일리아산 쇠고기와 양배추는 8,330킬로미터, 미국산 오렌지는 9,600킬로미터, 칠레산 포도는 2만 킬로미터를 이동해 온 것이다.

　이렇게 일상적으로 먹는 먹을거리의 대부분이 원거리를 이동해 온 것이다 보니, 도대체 입속으로 들어가는 먹을거리가 어떻게 생산 · 유

푸드마일 (출처: 국립환경과학원)

국가별 1인당 푸드마일 (단위 : 톤 · 킬로미터/인)

연도	일본	한국	영국	프랑스
2001년	5,807	5,172	–	–
2003년	5,671	3,456	2,365	777
2007년	5,462	5,121	2,584	869

※ 2003년 한국의 푸드마일은 중국에서의 곡물 수입량이 약 2.7배 증가하고, 미국에서의 수입량이 65퍼센트 줄어들면서 감소했다.

2007년 각국의 1인당 푸드마일 비교

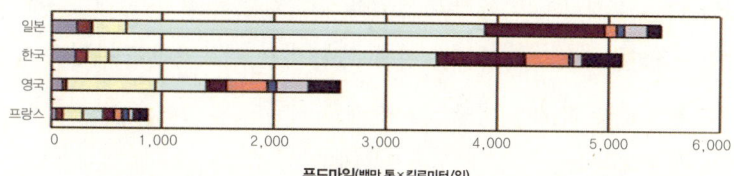

푸드마일(백만 톤 × 킬로미터/인)

□축산물 ■수산물 □야채,과실 □곡물 ■유량종자 □설탕류 ■커피,차,코코아 □음료 ■기타

통되고 있는지를 확인할 방법이 없다. 잊을 만하면 중국산 먹을거리에서 발암 물질이 발견되는 사고가 발생하는 것도 바로 소비자와 생산자의 거리가 너무 먼 탓이다.

이런 상황에서 소비자가 지역에서 생산한 먹을거리, 즉 '로컬푸드local food, 지역 먹을거리'에 관심을 가지는 것은 당연하다. 맥도널드 사무총장은 "지역 먹을거리는 이동 거리가 짧아서 변질을 막기 위한 별도의 처리가 필요 없고, 대개 제철에 난 것이어서 건강에 더 좋다. 먹을거리 안전을 염두에 둔다면 지역 먹을거리야말로 최선의 선택"이라고 답했다.

메릴본 농민장터 코디네이터를 맡고 있는 엘리자베스 엘리엇(27) 씨는 "농민장터에 참여하는 농민도 정기적으로 얼굴을 마주 대하는 소비자에게 안전한 먹을거리를 공급해야 한다는 책임감을 가지게 된다. 이런 책임감 때문인지 메릴본 농민장터에서 판매되는 먹을거리의 절반 정도는 유기 농업을 통해 생산된 것"이라고 설명했다.

줄어드는 농민의 몫

지역 먹을거리를 향한 관심이 커지면서 세계화로 인해 계속 벼랑 끝으로 내몰리던 소농에게도 기회가 생겼다. 초국적기업이 먹을거리 산업을 장악하면서 소농은 계속 몰락할 수밖에 없었다. 초국적기업이 점점 더 덩치를 키우면서 구매량을 늘릴수록 농산물을 싼값에 대량으로 판매할 여력이 없는 소농은 퇴출이 불가피했기 때문이다.

이것은 미국에서 소비자가 먹을거리에 1달러를 지출할 때 농민에게 돌아가는 몫이 어떻게 변하는지 살펴보면 잘 알 수 있다. 미국 메인대학 스튜어트 스미스^{Stewart Smith} 교수의 분석을 보면, 1910년에는 소비자가 먹을거리에 1달러를 지출하면 40센트를 농민이 가져갔다. 그러나 1997년에는 이 몫이 고작 7센트로 줄어들었다.

지금 미국에서 1달러로 빵 한 조각을 사면 밀 재배 농민에게는 고작 6~7센트가 돌아간다. 그 나머지는 고스란히 비료, 유통, 가공, 판매를 장악하고 있는 초국적기업의 몫으로 돌아간다. 프리티 교수는 "농민에게 돌아가는 몫은 최종 가격 기준으로 미국 3퍼센트, 영국 7퍼센트, 프랑스 18퍼센트에 불과하다"고 설명했다.

프리티 교수는 "이런 국가별 차이는 생산자와 소비자 사이의 직거래가 얼마나 활성화되고 있는지, 농민단체가 정치에 미치는 영향력이 얼마나 큰지에 따라 좌우된다. 지역 먹을거리가 더 널리 보급될수록 생산자인 농민에게 적은 몫이 돌아가는 왜곡된 구조가 바뀔 수

인근에서 얼마든지 구할 수 있는 먹을거리를 놔둔 채, 밥상에는 수천~수만 킬로미터를 이동한 먹을거리가 오른다.

있다"고 지적했다.

더 나아가 지역 먹을거리는 지역사회 구성원 간의 연대를 통해 지역 경제를 지키는 역할을 한다. 빌 씨는 "지역 먹을거리를 찾는 중요한 이유 중 하나는 어려운 처지에 몰린 지역 농민에게 실질적인 이익을 주기 위한 것이다. 이렇게 그들이 실질적 이익을 얻게 되면 대형 할인점으로 돈이 흘러가지 않고 지역 경제가 건강해질 수 있다"고 설명했다.

실제로 영국의 '뉴이코노믹스파운데이션New Economics Foundation'의 연구 결과를 보면, 지역 먹을거리 10파운드는 지역 내에서 25파운드의 소득을 추가적으로 창출하지만, 슈퍼마켓·대형 할인점에서 판매하는 원거리를 이동해 온 먹을거리는 고작 14파운드의 소득을 창출하는 데 그친다.

석유를 먹는다?

지역 먹을거리가 새삼 주목받는 더 근본적인 이유도 있다. '석유 생산 정점Peak Oil' 사태, 이산화탄소CO_2와 같은 온실가스가 야기하는 지구 온난화 문제 등이 본격화하면서 화석연료에 의존하며 원거리를 이동하는 현재의 먹을거리 유통이 지속될 수 있을지 의문시되는 상황이다. 먹을거리의 안정적 공급을 위해서라도 지역 먹을거리로 전환이 필요한 것이다.

마크 윈Mark Winne 미국 지역사회먹을거리보장연대 홍보국장은 "개인적으로 지역 먹을거리에 관심을 가지게 된 계기는 1970년대의 석유 파

동이었다"고 말했다. 그
는 "유가가 급등해 트럭
운전사들이 파업을 하자
먹을거리를 구할 수 없는
사태를 맞았다. 지역 먹을
거리로 전환하지 않으면
큰일이 날 수도 있겠구나,
생각했다"고 설명했다.

실제로 먹을거리가 원
거리를 이동하면서 낭비
되는 에너지는 심각한
수준이다. 미국 캘리포
니아에서 생산된 상추가
8,772킬로미터를 이동해
런던으로 보내진다면, 그
상추는 자신이 에너지로

농민장터에서 소비자는 생산자를 직접 만날 수 있을 뿐만 아니라 마음
만 먹으면 언제든지 농장을 찾아갈 수 있다.

제공하는 것보다 127배나 많은 에너지를 소비한다. 먹을거리를 비행
기로 운반하는 경우가 점점 많아지면서 낭비되는 에너지도 더욱 많
아지고 있다.

특히 대부분 물로 이뤄진 (그래서 근거리에서 소비할 수밖에 없었던) 채
소, 과일, 화훼는 비행기를 통한 원거리 이동이 가장 잦은 품목이다. 미
국 컬럼비아대학의 조앤 구소Joan Gussow 교수는 이런 상황을 놓고 "물
을 운반하기 위해서 석유를 태우는 격"이라고 꼬집었다.

이렇게 에너지를 낭비하면 필연적으로 온실가스를 배출하는 결과를 낳는다. 미국 캘리포니아에서 생산된 상추 200그램은 런던까지 이동하면서 약 1.2킬로그램의 온실가스를 배출한다. 전구를 일주일 내내 켜둘 때 발생하는 온실가스와 맞먹는 양이다. 만약 온실가스 배출을 감축하려는 노력이 본격화되면 이런 상추의 가격은 천정부지로 뛸 것이다.

한국은 쿠바와 다를까?

만약 지금처럼 원거리를 이동한 먹을거리에 의존하는 방식을 바꾸지 않는다면 어떤 결과가 발생할까? 이 문제에 관심이 있는 이들은 이구동성으로 "1990년대 초반의 쿠바를 보라"고 답한다. 먹을거리의 대부분을 수입에 의존하던 쿠바는 사회주의권의 붕괴가 시작되자 1990년대 초 먹을거리가 고갈돼 큰 위기에 직면한다.

도시에 거주하는 70퍼센트의 국민이 아사 상태에 직면한 쿠바 역시 도시의 공터에 직접 농사를 짓는 방법, 즉 지역 먹을거리로 이 위기를 극복했다. 만약 석유의 공급이 지금처럼 원활하지 않아 먹을거리의 이동이 심각한 제약을 받는다면, 또 세계의 먹을거리 가격이 폭등한다면 한국은 쿠바가 겪은 위기를 비켜 갈 수 있을까? 그 위기를 극복할 수 있을까?

"무슈 리 모르세요?"

추석날 칸쿤에서 우리 곁을 떠나간 이경해를 노래하네. 그는 대한
민국에서 홀연히 나타나 독사 굴에 빠진 사람들을 구출했지. (……)
그의 농토를 잃던 날, 그는 아내를 묻었으며 전국의 농민은 자살을
택했지. 이제 더 이상 잃을 것이 없는 이경해는 더 이상 잃을 것이 없
는 농민의 목소리가 되기로 작정했지.

추석, 그의 농토를 빼앗은 은행가들이 모인 그날 이경해는 바리케
이드를 넘어 자신의 삶을 불살랐지. 그는 목숨을 끊으며 이 마지막
말을 남겼네. '열 사람을 위해 한 사람이 죽는 것이, 매일 열 사람이
죽어나가는 것보다 낫다.'

    – 스테판 스미스, '이경해를 위한 발라드(A Ballad for Lee Kyung Hae)' 중에서

유럽농민연대European Peasant Coordination · CPE의 르네 루에르René Louail 공
동대표는 인사를 하자마자 곧바로 까맣게 잊고 있었던 이름을 언급했
다. "무슈 리Monsieur Lee, 모르세요?" 무슈 리? 그렇다. 2003년 9월 10일,

멕시코 칸쿤에서 세계무역기구WTO 각료회의에 대항하는 농민 시위를 벌이던 중 바리케이드 위에서 스스로 목숨을 끊은 이경해 씨다.

이경해 열사의 죽음은 오늘날 소농의 현실을 드러냈다는 점에서 굉장히 상징적이다. 이경해 열사는 WTO가 추구하는 세계 경제의 틀은 단순한 무역의 문제가 아니라 농민의 생명, 더 나아가 인류의 생존을 위협한다는 것을 온몸으로 보여줬다.

"WTO가 농민을 죽인다"고 외치며 이경해 씨가 목숨을 끊은 지 약 6년이 지났다. 한국에서 그와 이 사건을 기억하는 이들은 거의 없다. 그러나 전 세계 곳곳에서 이경해 씨는 '농민운동의 순교자'로 기억된다. 미국, 영국, 일본, 캐나다, 프랑스 등 각국의 농민은 한국에서 왔다는 얘기를 하면 이구동성으로 "이경해"를 외쳤다.

'WTO 반대'를 외치며 자결한 고 이경해 씨.
(그림: 손문상)

전국농민회총연합 등 세계 70개국 120개 농민단체가 회원으로 참여하는 '비아캄페시나Via Campesina·농민의 길'도 이 씨의 자결을 가장 중요한 사건으로 꼽는다. 이경해 씨의 희생에도 불구하고 세계 각국 농민은 더욱더 벼랑 끝으로 몰리고 있다. 그리고 지금 새로운 저항의 움직임이 곳곳에서 꿈틀대고 있다.

루에르 공동대표가 전한 대로 이 씨는 자결 직전 바리케이드 위에서 한 연설을 통해서 WTO로 상징되는 시장 만능의 세계화가 농업·농민을 쓸어버리면 결국 마지막 희생자는 인류 자신이 되리라고 경고했다. 이 씨는 지금의 먹을거리를 둘러싼 현실을 어떻게 보고 있을까? 그와의 가상 인터뷰를 꾸며보았다.

멕시코 칸쿤의 바리케이드에서 스스로 목숨을 끊은 지 벌써 6년이나 지났다. 그새 많은 일이 있었는데……

6년 전보다 상황은 더 나빠졌다. 내가 목숨을 끊으면서 고발했던 문제가 해결은커녕 갈수록 더 악화하고 있다. 2008년의 전 세계적 식량 위기는 그 증거다. 소농의 몰락이 농민의 비극을 넘어서 전 인류의 재앙으로 옮아가는 중이다. 더 늦기 전에 특단의 조치를 취해야 할 때다.
　전 인류가 직면한 이런 재앙을 한국이라고 피할 수 있을까? 잘 알다시피 한국의 식량 자급률은 2007년 기준으로 약 26퍼센트 수준인데, 그마저 계속해서 하락하는 추세다. 이런 상황에서 식량 위기가 오랫동안 계속된다면 한국은 당장 치명타를 맞을 가능성이 크다.

2008년 아이티, 이집트, 세네갈, 카메룬 등에서는 식량을 구하지 못한 이들이 폭동을 일으켰다. 그러나 한국 국민은 큰 불편 없이 식량 위기를 넘겼다.

전 세계적인 식량 위기 속에서 우리가 큰 걱정을 안 할 수 있었던 것은 바로 주곡인 쌀을 100퍼센트 가까이 자급하고 있기 때문이다. 만약 밀(0.2퍼센트), 옥수수(0.8퍼센트)처럼 쌀의 자급률이 낮았더라도 2008년에 우리가 먼 산 불 보듯 뒷짐을 지고 있을 수 있었을까?

쌀의 자급률도 순식간에 떨어질 수 있다. 밀의 예를 들어볼까? 밀은 1970년대만 해도 자급률이 16퍼센트였는데 1990년대 이후 1퍼센트 이하로 급격히 하락했다. 1984년 정부가 밀 수매를 폐지한 후 더 이상 농민이 밀농사를 짓지 않으면서 생긴 일이다. 쌀농사도 비슷한 전철을 밟을 수 있다. 식량 위기를 밀, 옥수수 등의 자급률을 높이는 계기로 삼아야 한다.

꼭 우리 땅에서 농사를 짓지 않더라도 쌀, 밀, 옥수수 등을 계속 확보할 수 있다면 충분하지 않을까? 2008년 6월 이탈리아 로마에 전 세계 151개국 대표가 모여서 연 세계식량정상회의World Food Summit에서 '식량 안보food security'를 언급하면서 식량 확보 능력을 강조한 것도 이런 문제의식과 무관치 않을 것이다.

뭘 모르고 하는 소리다. 먹을거리는 마음만 먹으면 공장에서 계속 찍어낼 수 있는 휴대전화와 근본적으로 다르다. 마치 먹을거리가 휴대전화처럼 본격적으로 무역 품목이 된 것같이 보이지만 실제로 전 세계에서 생산된 먹을거리 중 무역 품목으로 소비되는 것은 약 10퍼센트에 불과하다.

1980년 이후 약 27년 동안 곡물 소비량은 14억 톤 수준에서 21억 톤 수준으로 40퍼센트 증가했지만, 같은 기간 동안 곡물 무역량은 고작 2억 5,000만 톤 수준으로 증가하는 데 그쳤다. 이런 통계 수치가 말해주는 것은 무엇일까? 그렇다. 먹을거리는 기본적으로 국내 소비가 최우선이라는 것이다.

당장 2008년 식량 위기 때 어떤 일이 있었나? 일단 식량 위기가 발생하자마자 미국, 오스트레일리아, 중국, 캐나다 등 주요 수출국은 자국의 식량부터 먼저 챙겼다. 일부 국가는 수출 제한 조치를 취했다. 만약 이런 상황이 오랫동안 계속된다면 과연 다른 국가와 비교했을 때 한국이 먹을거리를 제대로 확보할 수 있을까?

이런 점을 염두에 둔다면 이젠 식량 안보 대신 '식량 주권food sovereignty'을 적극적으로 고민해야 한다. 실제로 식량 주권은 비아캄페시나에서 식량 안보에 대항해서 사용한 개념으로 지금은 농민단체뿐만 아니라 전 세계 각국의 21세기 농업 정책의 화두로 자리 잡아가는 추세다.

식량 주권? 식량 안보와 무엇이 다른가?

식량 안보는 식량 확보만 강조한다. 즉, 국민에게 식량을 공급할 수단으로 식량 수입, 재고 관리 등을 최선의 방법으로 여긴다. 여기에는 '식량을 자급하자.' 이런 생각은 빠져 있다. 앞에서 지적한 대로 식량 위기가 본격화할 경우 이런 대응은 금세 허점을 드러낼 것이다.

예를 들어볼까? 식량 위기에 처하자 한국 정부는 '외국에 식량 기지를 만들자'는 계획을 내놓았다. 정치·경제·사회·문화·자연환경이 전혀 다른 외국에 쌀농사, 밀농사를 짓는 식량 기지를 확보하는 것은 쉽지 않다. 하지만 일단 성공했다 치자. 만약 식량 위기가 닥쳤을 때, 그

식량 기지에서 쌀, 밀 등을 한국으로 가져올 수 있을까?

자기가 농사지은 쌀, 밀 등을 한국 국민을 위해서 포기하고 굶주림을 선택할 이들이 있을까? 자국 국민이 굶주리는 상황에서 평시에 맺었던 계약을 토대로 쌀, 밀 등을 순순히 내놓을 정부도 상상할 수 없다. 군대를 동원하더라도 제대로 확보하기가 쉽지 않을 것이다. 이런 끔찍한 상황을 왜 우리가 자초해야 하나.

식량 주권의 문제의식은 단순하다. 내가 발 딛고 선 땅에서 직접 먹을거리를 생산하자, 내가 먹는 먹을거리의 질을 스스로 통제하자는 것이다. 이런 문제의식에서 나오는 해법 역시 단순하다. 바로 식량 자급률을 높이는 것이다. 우리가 지난 수만 년간 해온, 그래서 가장 잘할 수 있는 방법으로 식량을 확보하자는 것이다.

식량 주권을 강조하는 흐름은 바로 지역 먹을거리 운동과 통하는데……

그렇다. 우리가 식량 주권을 가지려면 지역 먹을거리가 뿌리를 내려야 한다. 내가 생각하는 지역 먹을거리의 핵심은 생산자 농민과 소비자 시민이 서로 '얼굴을 볼 수 있는 관계'를 구축하는 데 있다. 얼굴을 볼 수 있는 관계가 왜 중요할까? 먼저 시민의 입장에서 한번 생각해보자.

2008년 많은 시민이 촛불을 들었다. 다들 여러 가지 이유가 있었을 것이다. 하지만 발단은 광우병 감염 위험이 큰 미국산 쇠고기의 수입이었다. 왜 미국산 쇠고기가 광우병 감염 위험에 노출되었나? 바로 소를 비육하는 과정에서 동물의 사체를 갈아서 만든 동물 성분 사료를 먹였기 때문이다.

미국산 쇠고기는 광우병 외에도 여러 가지 문제가 많다. 예를 들면 미국에서는 유전자가 조작된 성장 호르몬을 소에게 투여하는 게 일상적이다. 만약 지역에서 생산된 쇠고기를 지역에서 소비한다면 이런 일이 가능할까? 쇠고기를 소비하는 이웃의 얼굴을 알고, 또 그 이웃이 언제든지 농장을 방문할 수 있는 상황에서 이런 쇠고기를 생산할 농민은 없다.

농민 입장에서도 마찬가지다. 나는 한국을 비롯한 전 세계 농민의 벼랑 끝 현실을 고발하고자 스스로 목숨을 끊었다. 만약 한국을 비롯한 전 세계에서 지역 먹을거리가 널리 확산되었다면 내가 농민의 현실을 알리고자 소중한 목숨을 버릴 필요는 없었을 것이다. 이미 시민들이 농민의 현실을 잘 알고 있었을 테니까.

옛날 장터를 떠올려보라. 장터는 지역의 온갖 대소사가 소통되는 공간이었다. 농민이 시민과 먹을거리를 통해 직접 얼굴을 맞대면 바로 이런 장터의 기능이 회복된다. 농민이 시민에게 먹을거리를 공급하면서 자연스럽게 농민이 처한 상황도 알릴 수 있다. 시민도 자신의 입에 들어가는 먹을거리를 생산하는 농민의 처지에 관심을 기울일 수밖에 없다.

지역 먹을거리를 통해서 식량 주권을 확보하는 동시에 소비자가 관심을 갖는 먹을거리 안전과 생산자가 관심을 갖는 농업·농촌 살리기를 함께 도모할 수 있다는 것인가?

그렇다. 이것뿐만이 아니다. 지역 먹을거리는 자연스럽게 지속 가능한 방식의 생산을 고민해야 한다. 당장 얼굴을 봐야 할 이웃의 입에 들어가는 것이니 농민 입장에서는 화학 농약, 화학 비료를 사용하는 관행 농업보다는 유기 농업을 선호할 가능성이 크다. 설사 농민이 그런 문제의식을 느끼지 못하더라도 결국 그 먹을거리를 구입할 시민이 강제할 수 있다.

더 나아가 지역 먹을거리는 한두 해가 아니라 수십 년, 수백 년을 염두에 두고 생산해야 한다. 초국적기업이 좌지우지하는 먹을거리 생산 방식과는 다를 수밖에 없다. 지력을 잃지 않도록 하는 유기 농업처럼 가능하면 자연환경을 덜 훼손하는 농업 방식을 선택할 테니 지역환경을 보호하는 데도 도움이 될 것이다.

이경해 씨가 스스로 목숨을 끊으면서 알리고자 했던 문제는 여전히 현재 진행형이다. 다만 점점 더 많은 이들이 당신의 죽음을 통해서 먹을거리를 둘러싼 문제의 심각성을 깨닫고 있다. 당신은 이미 21세기 농민운동의 상징으로 세계 곳곳에서 기억되고 있는데……

처음에 얘기했지만 상황은 6년 전보다 더 심각해졌다. 여전히 갈 길이 멀다. 여러 번 강조했듯이 식량 주권과 지역 먹을거리, 이 두 열쇳말에 우리의 미래가 달려 있다. 나에겐 꿈이 있다. 바로 한국의 농민과 시민이 손을 맞잡고 전 세계가 배울 만한 21세기형 농업 국가를 만드는 것이다. 더 늦기 전에 시작하자.

생각하기
지역 먹을거리, 이것이 궁금해요!

'지역 먹을거리'는 일반적으로 '제철에 해당 지역에서 생산된 먹을거리'로 정의할 수 있다. 영어 로컬푸드local food를 번역한 말이지만 한국의 신토불이身土不二·몸과 땅은 둘이 아니고 하나라는 뜻·자기가 사는 땅에서 생산한 먹을거리가 몸에 가장 잘 맞음을 이르는 말, 일본의 지산지소地産地消·지역에서 생산한 먹을거리를 지역에서 소비하자와 맞닿아 있다.

이런 지역 먹을거리를 둘러싼 여러 가지 쟁점이 있다. 우선 '지역'의 범위를 어떻게 규정할 것인가? 영국을 비롯한 많은 국가에서는 지역의 범위를 '생산지 반경 50킬로미터 이내'로 정한다. 그러나 미국 같은 국가는 '생산지에서 하루 동안 운전해서 갈 수 있는 거리(300킬로미터)'를 기준으로 삼기도 한다.

물론 이것은 먹을거리의 이동 거리이다. 하와이는 매년 약 4만 2,000마리의 소를 배에 태워 도축 전 비육을 위해 3,500킬로미터 떨어진 캘리포니아로 보낸다. 이 소에서 얻은 고기가 다시 하와이로 돌아왔을 때 그것은 지역 먹을거리가 아니다. 즉, 설사 인근에서 재배된 채소라고 하더라도 서울 송파구 가락시장을 거쳐 온 것이라면 지역 먹을거리로 볼 수 없다.

최근에는 먹을거리 품목마다 다른 거리 기준을 적용하자는 목소리도 있다. 즉 채소·과일처럼 쉽게 변질되는 먹을거리는 '반경 50킬로미터 이내'를 기준으로 하되,

쌀·보리처럼 장기간 보관이 가능하고 또 불가피한 먹을거리는 '반경 300킬로미터 이내'를 기준으로 하자는 것. 이렇게 되면 한국의 쌀은 국산을 먹는 것만으로도 지역 먹을거리를 먹는 셈이 된다.

단순히 물리적 거리뿐만 아니라 사회적 거리 역시 고려해야 한다. 4장에서 한 번 더 살펴보겠지만, 지역 먹을거리가 소비자의 인기를 끌면 이마트와 같은 대형 할인점에서 이것을 취급할 가능성이 있다. 이렇게 지역 먹을거리 공급에 유통업체가 개입하면 할수록 생산자인 농민에게 돌아갈 몫이 작아지고, 소비자는 더 비싸게 대가를 치러야 한다.

또 결과적으로 생산자와 소비자의 거리가 멀어진다. 허남혁 로컬푸드시스템연구회 간사는 "생산자와 소비자가 단절된 먹을거리는 결국 생산자, 소비자 양쪽에 부정적이다. 생산자는 최소한의 비용으로 생산량을 극대화하는 데만 신경을 쓸 것이며 소비자는 그런 생산 과정을 알지 못한 채 먹을거리를 소비하는 존재로 전락한다"고 설명한다.

지역 먹을거리를 둘러싼 또 다른 쟁점도 있다. 지역에서 생산된 먹을거리라고 해서 다 안전한 것은 아니다. 원거리를 이동해 온 유기 농업을 통해 생산된 먹을거리와 지역에서 화학 비료와 농약에 의존한 관행 농업을 통해 생산된 먹을거리 중 무엇을 소비하는 것이 더 나을까?

또 지역에서 생산된 먹을거리를 제외한 다른 것, 예를 들어 바나나, 커피 등을 먹지 말자는 말인가? 지역 먹을거리 운동을 하는 이들 중 일부는 소비를 줄이는 것을 전제로 '공정 무역fair trade'을 대안으로 제시한다. 비록 원거리를 이동하지만 제3세계 생산자에게 정당한 몫을 주고 사 온 먹을거리를 선택하자는 것이다. 이 문제들은 11장에서 자세히 살펴본다. 🔴

| 읽을거리 | ·······································

- 『로컬푸드』(브라이언 핼웨일 지음, 김종덕 · 허남혁 · 구준모 옮김, 이후 펴냄)
  국내에 지역 먹을거리를 최초로 소개한 책이다. 지역 먹을거리에 관
  한 몇 권의 책이 나왔지만, 세계 곳곳의 사례를 들면서 지역 먹을거
  리의 중요성을 역설한 이 책은 여전히 돋보인다. 단, 지역 먹을거리에
  관한 이론적 쟁점을 두루 살피고 싶다면 5장에서 소개할 『먹을거리
  위기와 로컬푸드』와 함께 읽으면 좋다.
- 『세계적 식량 위기의 원인과 식량 주권』(윤병선 지음, 『녹색평론』 제100호
  [2008년 5~6월호], 녹색평론사 펴냄)
- 『식량 주권 회복의 길』(윤병선 지음, 『녹색평론』 제101호[2008년 7~8월
  호], 녹색평론사 펴냄)
  지금 한국이 처한 먹을거리를 둘러싼 여러 가지 문제를 한눈에 훑어
  보려면 이 글들이 유용하다. 특히 이 글들은 식량 주권의 중요성을
  역설하고 지역 먹을거리를 그것을 확보할 유용한 수단으로 강조한
  다. 1장의 고(故) 이경해 씨와의 가상 인터뷰는 이 글들에 크게 의존
  한 것이다.

2장

"소농이 죽으면 끝입니다, 끝!"

프랑스 북서부 바스노르망디 주. 청명한 가을 하늘 아래 푸른 초원이 능선을 드러내며 펼쳐져 있다. 초원 곳곳에서 소들이 한가롭게 거닐고 있다. 프랑스 도시 외곽 지역에서 흔히 볼 수 있는 전형적인 농촌 풍경이다. 이곳에서 프랑소와 뒤푸르François Dufour 프랑스농민연맹 Confédération Paysanne 전 대변인을 만났다.

뒤푸르 전 대변인은 농부의 아들로 1980년대 프랑스농민연맹을 조직하고 이끌었던 프랑스 농민운동의 원로다. 세계적으로 널리 알려진 프랑스 농민운동가 조제 보베José Bové 비아캄페시나 대변인과 같이 농민운동 일선에서 활동하던 그는 지금 노르망디의 한 시골에서 유기 농업으로 닭·소를 기르고 사과 농사를 짓고 있다. 그는 이미 1970년대에 유기 농업으로 전환했다.

뒤푸르 전 대변인을 따라 농장에 딸린 작은 사과 주스 작업장에 들어가자 사과향이 물씬 풍겼다. 이날 만든 7,000병의 사과 주스는 자동차에 실려 약 2시간을 이동해 파리 농민장터에서 소비자를 만난다. 그가 참여하는 농민장터에서는 다른 농부 20명이 생산한 각종 먹을거리도 함께 판매된다. 직판 경로를 뚫은 그는 소농 중에서도 비교적 성공한 편이다.

하지만 프랑스 농민운동의 산 증인이 들려주는 이야기는 뒤푸르 전 대변인을 둘러싼 농촌 마을의 평화로운 전경과 극적인 대조를 이뤘다. 노르망디는 프랑스의 주요 농업 지역으로 꼽힌다. 그러나 많은 빚을 진 농민들이 자살을 하면서 이 지역은 프랑스 내에서 자살률이 높은 것으로 유명하다.

뒤푸르 전 대변인의 농장 역시 마찬가지다. 그는 "겉보기에는 아름답게 보일지 모르지만 이 농장은 '피의 농장'이다. 점점 쌓여가는 빚을 이기지 못한 농장의 전 주인이 자살을 했다"고 신음하듯 내뱉었다. 그는 "대부분의 소농이 어려움을 겪고 있다. 정부 정책이 자신의 미래를 보장하지 못하기 때문에 절망하는 이들이 늘고 있다"고 덧붙였다.

농업 대국 프랑스. 흔히 바다, 들판, 산간 지방을 모두 갖춘 이 나라를 '천혜의 농업 국가'라고 부른다. 그러나 "농촌

프랑소와 뒤푸르 프랑스농민연맹 전 대변인.

뒤푸르 전 대변인은 농장에 딸린 작은 사과 주스 작업장을 소개했다.
이곳에서 만든 주스는 파리 농민장터에서 직거래로 판매된다.

풍경이 매우 평화롭고 아름답다"는 외지인의 말에 프랑스 농민들은 일제히 고개를 흔들었다. 실제로 프랑스의 농촌도 한국의 농촌 못지않게 '위기'이다. 이 상태로 가다간 프랑스, 더 나아가 유럽 소농의 몰락은 시간문제다.

프랑스 농민도 죽어가고 있다

유럽농민연대 르네 루에르 공동대표 역시 프랑스농민연맹 대변인을 역임한 '바쁜' 농부 가운데 한 명이다(보베 비아캄페시나 대변인은 2002~2003년까지 프랑스농민연맹의 대변인으로 활동했다). 프랑스 농민의 현실을 묻자 그는 고개를 저었다. 암담한 현실은 농민운동의 급성장이 반영하는데 프랑스농민연맹은 그 증거다.

프랑스농민연맹은 1987년에 조직됐다. 그전까지는 대규모 농업에 찬성하는 기업농이 중심이 된 농업경영자전국총연맹FNSEA 정도가 농민을 대표하는 단체였다. 소농이 중심이 된 프랑스농민연맹은 설립 후 1999년 맥도날드 반대 운동, 세계화 반대 운동 등을 전개하며 1990년대 이후 프랑스를 대표하는 농민단체로 자리 잡았다.

이처럼 농민운동이 활발하게 일어난 것은 대규모 농업의 폐해 때문

'천혜의 농업 국가'라 불리는 프랑스에서도 소농은 벼랑 끝으로 떠밀리며 고통받고 있다.

이다. 루에르 대표는 "북해와 가까운 브르타뉴 주는 전형적으로 소농에 의지해 농업을 이어온 지역이었다. 이곳에서 더 많이, 더 싸게 파는 이윤만 좇는 대규모 농업이 시작되면서 소농의 몰락이 가속화되었다"고 설명했다. 이런 상황에서 소농이 연대한 농민운동이 급성장했다는 것이다.

옆에 있던 농민연맹 회원 쥬느비에브 사비니^{Geneviève Savigny} 씨도 말을 거들었다. 그는 프랑스 남동부 토아르^{Thoard} 지역에서 닭을 키우며 라벤더 농사를 짓고 있다. 그는 "소농은 프랑스에서 죽어가고 있다. 나와 가족이 어떻게 생존할지, 즉 어떻게 하면 땅을 파괴하지 않으면서 삶을 보존할지 등은 전 세계 소농의 공통 관심사"라고 강조했다.

1,000개씩 사라지는
유럽의 농장들

현재 유럽 전역을 통틀어 매일 1,000개가 넘는 농장이 사라지고 있다. 이런 현상은 가족을 중심으로 한 소농을 퇴출하려는 유럽 국가의 농업 정책 탓이다.

2008년 6월, 스페인 마드리드에서 덴마크, 스위스, 이탈리아, 네덜란드, 스페인, 그리스, 터키 농민 등이 참여하는 '비아캄페시나 유럽연맹^{European Coordination Via Campesina}'이 새롭게 발족한 것도 이런 농업 정책에 대응하기 위해서다. 이 단체의 목표는 2013년까지 개편 작업에 들어가는 유럽 '공동농업정책^{Common Agricultural Policy·CAP}'을 '올바른 방향'으로 바꾸는 것이다.

제2차 세계대전 당시 식량 부족 사태를 겪었던 유럽은 전후 공동농업정책을 실시했다. 이 정책의 중요한 목표는 △농민의 수입을 일정 수준 이상으로 보장하면서, △식량을 적정한 가격에 보급하는 것 등이었다. 이 목표를 달성하고자 1957년부터 유럽 국가들은 공동 기금을 형성해 유럽산 농산물이 수입산 농산물보다 가격 경쟁력을 유지하는 정책을 실시했다.

이런 공동농업정책은 1960~70년대 서유럽을 중심으로 유럽 지역의 식량 자급률을 100퍼센트 가까이 끌어올리는 데 결정적인 기여를 했다. 그러나 곧바로 문제가 생겼다. 공급 조절에 실패하면서 1980년대부터 농산물이 과잉 생산되자, 유럽 각국은 아프리카 등 외국 시장에 생산 가격보다 낮은 가격으로 농산물을 내다 파는 수출을 장려했다.

더 나아가 유럽연합EU은 1992년부터 한 해 약 450억~550억 유로(약 80~100조 원), EU 예산 중 40퍼센트에 달하는 액수를 공동농업정책을 통해 농민에게 직접 지불 형태로 지급했다. 이런 무분별한 직접 지불은 대규모 농업을 하는 기업농과 땅주인만 배를 불리는 상황을 초래했다.

루에르 대표는 "직접 지불 제도는 유럽 시민의 요구가 아닌, 관세·보조금을 최소화해 자유무역을 장려하는 WTO의 요구에 따라서 이뤄진 것이기 때문에 기본적으로 소농을 비롯한 농민의 이해를 대변하지 못하고 있다"고 비판했다. 그는 "더구나 EU 재정은 이런 식의 직접 지불 제도를 장기적으로 감당할 수 없다. 어차피 개혁은 불가피하다"고 덧붙였다.

대안도 있다. 가장 필요한 정책은 공급 조절을 통해서 농산물 가격을 적정 수준 이상으로 유지하는 것이다. 2008년 초 닥친 식량 위기 역시 이윤을 추구하는 기업농에 의한 '과잉 생산'이 큰 원인이었다. 먹을거리를 상품으로 여기고 투기의 대상으로 만든 국제기구, 정부의 행태가 결국 곡물 값을 통제하지 못하는 위기 상황을 자초했다는 것이다.

공급 조절만 잘 되면 과거처럼 외국에 덤핑으로 수출할 필요도 없다. 물론 농산물을 수입할 경우에는 관세를 통해서 가격을 통제해야 한다. 루에르 대표는 "직접 지불 제도는 농업 효율이 낮은 일부 지역에서만 제한적으로 실시해야 한다. 관리를 제대로 하지 못할 경우 직접 지불 제도는 재앙이 될 수 있다"고 덧붙였다.

농민이 죽으면
인간이 죽는다

소농의 위기가 심각한 곳은 남아메리카, 아시아, 아프리카 등의 제3세계다. 프랑스 파리에 있는 '그렛GRET'은 남아시아·아프리카 등에 위치한 한때 프랑스의 식민지였던 프랑스어권 제3세계 국가를 30년째 연구하는 연구소다. 이곳에서 만난 알렌 알파 Arlene Alpha 연구원은 2007년 「가족에 기반을 둔 소농 보고서」를 작성하는 데 참여했다.

이 보고서의 결론은 한마디로 요약하면 이렇다. "소농이 살아야 세상이 바뀐다." 이 보고서는 소농 육성이 실업을 줄이고, 빈곤을 끝내는 데 효과가 있음을 설득력 있게 보여준다. 알파 연구원은 "소농 육성에 노력을 기울이는 국가는 긍정적인 성과를 거두고 있다. 정부의 노력 덕분에 소농이 구조적으로 자리를 잡은 캄보디아는 긍정적인

프랑스 파리에 있는 그렛 연구소는 제3세계의 발전에 '소농 육성'이 효과적이라는 보고서를 내놓았다.

예"라고 설명했다.

크메르루즈^{Khmer Rouge·1975~1979} 때 학살, 기아 등으로 200만 명이 죽은 비극이 새겨진 캄보디아는 1987년부터 정부 주도로 '소농 살리기'를 시작해 10년 만에 쌀 자급을 달성했다. 2007년 현재 캄보디아 인구 중 74퍼센트가 스스로 먹을거리를 자급하고 있다. 이익이 소농에게 집중되면서 불평등 완화 효과도 나타났다.

브라질은 캄보디아와 정반대다. 농업 인구 450만 명 중 410만 명이 소농인데도 정부 지원의 대부분은 기업농에게 돌아간다. 기업농을 관할하는 브라질 농림부의 2006년 예산은 580억 헤알(약 37조 원)이었던 반면, 소농을 관리하는 농업개발부에는 120억 헤알(약 7조 7,310억 원)의 예산만 책정됐다. 브라질에서는 매년 수만 명의 어린이가 굶어 죽는다.

알파 연구원은 "이런 심각한 불평등에 맞서 브라질 소농은 땅을 되찾으려는 격렬한 투쟁에 나섰다"고 설명했다. 세계적으로 유명한 브라질의 MST(땅 없는 농민 운동)가 바로 그것이다. MST는 1980년대 이후 25만 명이 넘는 땅 없는 농민을 유휴지에 정착시켰다. 물론 이 과정에서 정부, 지주의 탄압으로 1,000명 이상의 소농이 목숨을 잃었다.

실제로 세계은행 보고서를 보면, 후진국에서 농업이 성장할 경우 다른 경제 부문의 성장보다 2~3배 더 효과적으로 빈곤을 줄인다. 또 소농에 의한 소규모 경작은 기업농이 주도하는 대규모 경작과 비교했을 때 더 많은 국내총생산GDP을 유발한다. 소농 중심의 농업은 환경을 염두에 둘 때도 지속 가능성이 뛰어났다.

루에르 대표는 "기후 변화에 대비하기 위해서라도 소농 중심으로 가야 한다. 대규모 농업에서는 갑작스런 환경 변화에 대처할 능력이 없지만, 소농은 언제나 환경의 변화에 맞춰 대체 작물을 재배할 수 있다. 영구적이고 친환경적인 방법은 소농 중심의 농업"이라고 설명했다.

알파 연구원은 "근대화 과정에서 대부분의 후진국이 만성적으로 겪는 실업난은 결국 소농의 해체에서 비롯된 것이다. 기업농 육성으로 농업 문제를 해결하려는 것은 전혀 맞지 않는 해법"이라고 지적했다. 그는 "기업농은 땅과 자원에 대한 경쟁, 이농 현상, 그리고 그 결과로 발생하는 빈곤을 부추길 뿐"이라고 덧붙였다.

농업이야말로
가장 중요한 블루오션

알파 연구원은 자유무역협정FTA을 추진하면서 소농에게 희생을 강요하는 한국 정부의 정책을 놓고도 "불행히도 다른 많은 나라들이 범하고 있는 실수를 되풀이하고 있다. 한국 정부는 소농이 얼마나 경쟁력이 있는지 알아야 한다"고 강조했다. 그는 이어서 "전 세계적으로 농업의 중요성이 갈수록 커지고 있다"며 세계 흐름에 둔감한 한국 정부를 비판했다.

알파 연구원은 "세계은행 같은 국제기구조차도 농업 보호를 얘기하는 게 현재의 분위기이다. 이런 분위기를 읽지 못하면 한국 정부는 큰 재앙을 피할 수 없을 것"이라고 지적했다. 그는 마지막으로 '오래된 농업'을 한 번 더 강조했다.

내 주장은 간단하다. 오랜 세월 인류를 지켜온 농업이야말로 앞으로도 가장 중요한 '블루오션'이다.

조제 보베 vs 맥도날드

1999년 8월 12일, 전 세계인의 시선은 프랑스 남부의 미요^{Millau}로 향했다. 이날 미요에서는 수백 명의 농민과 시민이 맥도날드 매장 건설을 방해하는 깜짝 시위를 벌였다. 이 과정에서 조제 보베 비아캄페시나 대변인을 비롯한 프랑스농민연맹 회원 5명이 체포되었다. 수갑을 찬 손을 머리 위로 높이 처든 보베 대변인은 이 시위로 21세기 농민운동의 상징으로 거듭났다.

이날 농민은 자신의 생계수단인 양젖으로 만든 치즈 '로크포르'에 타격을 가한 미국 정부를 압박하고자 맥도날드 매장 건설 반대에 나섰다. 앞서 미국 정부는 EU가 성장 촉진 호르몬을 투여한 미국산 쇠고기 수입을 거부하자 미국으로 수입되는 유럽산 농산물에 높은 관세를 매기는 보복을 결정했다. '관세 폭탄'을 맞은 농산물 중에는 로크포르도 포함돼 있었다.

이 사건은 앞으로 전개될 먹을거리를 둘러싼 싸움의 여러 가지 대립 지형을 한눈에 보여준다. 첫째는 보베 대변인으로 상징되는 소농 vs 맥도날드로 상징되는 초국적기업. 소농은 앞으로 먹을거리의 생산·가공·유통을 장악하고 있는 네슬레, 델몬트, 맥도날드, 몬샌토, 월마트, 카길 등에 맞서 먹을거리를 지켜야 한다.

둘째는 로크포르로 상징되는 지역 먹을거리 vs 빅맥으로 상징되는 나쁜 먹을거리. 보베 대변인이 맥도날드의 패스트푸드를 '말부프la malbouffe·나쁜 먹을거리'라고 부르면서 이 말은 금세 전 세계로 퍼져 나갔다. 앞으로 소농은 시민과 함께 원거리를 이동한 정체불명의 먹을거리로부터 지역 먹을거리를 지켜야 한다.

사실 이 싸움은 이미 진행 중이었다. 1987년 소농이 중심이 되어 설립한 프랑스농민연맹은 이 싸움의 한쪽 진영을 대표하는 조직이다. 맥도날드 매장 건설을 방해한 시위 역시 프랑스농민연맹의 철저한 기획으로 마련된 것이다. 이들은 1999년 시애틀에서 열린 WTO 정상 회담에서 먹을거리를 둘러싼 싸움을 세계화 반대 운동의 최전선으로 선언했다.

그로부터 10년. 프랑스농민연맹은 얼마나 성과를 거뒀을까? 그 사이 이경해 씨가 스스로 목숨을 끊으며 이들의 주장을 한 번 더 세상에 알렸다. 그리고 곡물 가격 급등, 세계 경제 위기 등 10년 전에는 상상도 할 수 없었던 일들이 진행 중이다. 프랑스농민연맹

르네 루에르 유럽농민연대 대표.

의 전·현직 간부 세 사람을 만났다.

세 사람은 유럽농민연대 르네 루에르 대표^{프랑스농민연맹 전 대변인}, 프랑스농민연맹 회원 쥬느비에브 사비니 씨, 장 카바레^{Jean Cabaret} 씨다.

보베 대변인이 맥도날드 매장 건설 반대 시위를 한 지 벌써 10년이 지났다. 지난 10년간 먹을거리를 둘러싼 환경은 그다지 좋아지지 않았다. 전 세계 농민의 처지 역시 마찬가지다. 프랑스는 어떤가?

프랑스도 다른 나라와 비슷하다. 브르타뉴^{Bretagne} 지방은 단적인 예다. 브르타뉴 지방은 프랑스 전체 면적 중 6퍼센트를 차지하는 엄청난 규모의 농업 지대다. 돼지고기 60퍼센트, 달걀 30퍼센트, 우유 20퍼센트가 이 지방에서 생산된다. 이렇게 농업 생산의 비중이 크지만 정작 22개의 프랑스 광역 행정구역 중에서 소득 순위로 따지면 20위에 불과하다.

애초에 브르타뉴 지방은 소농이 중심이었다. 그러나 이런 최적의 농지를 기업농이 가만 둘 리가 없다. 1970년대 중반부터 몇몇 기업농이 이곳에 대형 사육 시설을 짓고 대형화, 상업화에 몰두하기 시작했다. 바로 이때부터 소농이 중심이 된 브르타뉴 지방의 다양한 농업은 축산업 중심으로 급변했다.

그러나 여전히 싸움은 진행 중이다. 소농은 브르타뉴를 기업농의 천국으로 만들려는 이들과 계속 싸우고 있다. 실제로 브르타뉴 지방은 프랑스에서 소농 중심의 농민운동이 가장 활발한 곳이다. 이곳에서 시작된 농민운동은 프랑스 전역으로 퍼져 나가 1987년 프랑스농민연맹의 탄생, 1999년 맥도날드 시위로 상징되는 세계화 투쟁 등으로 이어졌다.

프랑스는 세계적으로 널리 알려진 농업 대국이다. 이런 프랑스 농민의 고민이 과연 한국처럼 농업이 고사 직전인 나라의 농민, 혹은 제3세계 농민의 고민과 공유하는 지점이 있을까?

공통점이 있다. 한국, 제3세계와 마찬가지로 소농은 프랑스에서도 죽어간다. 세계 어느 나라의 소농이나 고민은 똑같다. 어떻게 하면 이런 상황에서 나를 포함한 가족이 살아남을 수 있을까? 어떻게 하면 주변 환경을 파괴하지 않으면서 농사를 계속 지을 수 있을까? 이런 고민이 근본적으로 해결될 때까지 전 세계 소농은 연대해야 한다.

프랑스농민연맹은 세계 농민운동에서도 큰 비중을 차지한다. 지난 2008년 10월, 4년에 한 번씩 개최하는 비아캄페시나 총회가 열렸다. 총회에서 세계 소농의 연대를 위한 어떤 이야기가 오갔나?

이번 총회의 주제는 바로 식량 주권이었다. 식량 주권은 식량 안보와 다르다. 식량 안보는 남아메리카, 미국, 오스트레일리아, 캐나다, 프랑스와 같은 이른바 먹을거리 수출국에서 먹을거리를 지금보다 더 많이 생산해서 자급하고 남은 것을 싼값에 한국과 같은 나라에 공급한다는 식의 구조를 전제한다.

이런 구조가 마련되려면 앞에서 예를 든 브르타뉴 지방처럼 농업이 대형화, 산업화해야 한다. 이런 농업의 대형화는 네 가지 문제를 낳는다. 첫 번째는 바로 실업 문제다. 프랑스에서 농업 활동이 차지하는 면적은 예전과 똑같이 전 국토의 절반이지만 50년 전에 비해 농업 인구는 35퍼센트에서 3.5퍼센트로 줄었다.

몰락한 소농은 당연히 도시 빈민에 편입된다. 경제 위기 속에서 이들은 일자리도 얻지 못한다. 이것이야말로 프랑스는 물론이고 제3세계 실업 문제의 핵심이다. 전 세계적으로 소농을 살리면 실업 문제는 물론이고 제3세계 대형 슬럼에서 확인할 수 있는 도시 빈민 문제의 해결도 가능하다.

농업의 대형화, 산업화가 갖는 두 번째 문제는 환경 문제의 악화이다. 대량 생산에는 필연적으로 화석연료가 필요하다. 이런 화석연료는 온실가스를 방출해 지구 온난화의 주범이 된다. 더구나 대형화, 산업화된 관행 농업은 화학 비료를 사용하면서 지력을 떨어뜨리고, 물을 낭비함으로써 물 부족 현상을 일으켜 궁극적으로 사막화의 중요한 원인이 된다.

세 번째 문제는 대형 전염병의 도래다. 조류인플루엔자Avian Influenza, 돼지인플루엔자Swine Influenza가 왜 유행하는가? 바로 닭과 돼지를 대형화, 산업화하면서 바이러스가 돌연변이를 일으키고 또 희생양이 될 숙주를 찾을 최적의 상황을 만들었기 때문이

르네 루에르 대표와 프랑스농민연맹 회원 쥬느비에브 사비니, 장 카바레 씨.

다. 이런 상황을 멈추지 않으면 정말로 끔찍한 상황을 초래할 수 있다.

마지막으로 농업의 대형화, 산업화는 세계를 굶긴다. 전 세계의 굶주리는 이들을 구원하기 위해서 농업의 대형화, 산업화가 필수적이라고 쉽게 얘기하는 사람이 있다. 이런 얘길 하는 사람을 보면 답답하다. 아프리카에 사는 소농이 자기 땅에서 사탕수수, 커피, 코코아가 아니라 자기 먹을거리를 재배한다면 그들이 왜 굶주리겠는가?

결국 식량 안보를 대신할 식량 주권은 이렇게 요약할 수 있겠다. 지역에서 환경에 부담을 주지 않는 농업으로 생산한 먹을거리를 지역에서 소비하는 것. 맞나?

바로 그렇다. 단, 주어를 강조해야 한다. 바로 소농이 그런 농사를 지어야 한다. 환경에 부담을 주지 않는 농업, 예를 들면 유기 농업으로 먹을거리를 생산할 수 있는 이들은 소농뿐이다. 그리고 소농은 대농(기업농)과 달리 상황에 따라서 재배 품목, 재배 방식, 유통 방법 등에 변화를 줄 수 있다.

식량 주권을 위해 도시에 사는 시민이 실천할 수 있는 방법은 어떤 것이 있을까?

우선 소비의 형태가 바뀌어야 한다. 도시에 사는 사람들은 이제 더 이상 제철 음식을 먹지 않는다. 이게 얼마나 위험한지 알아야 한다. 지난 가을에 재배한 과일을 봄에 먹는다면 당연히 많은 방부제도 같이 먹는 것이다. 설사 방부제가 없다고 하더라도 그것을 유지·관리하는 데 얼마나 많은 에너지를 소비했겠는가?

특히 정부, 언론의 역할이 중요하다. 제철 음식이 아닌 관행 농업으로 대량 생산, 대량 유통되는 먹을거리가 얼마나 위험한지 교육하고, 계몽하는 게 중요하다. 이런 역할이 성공하면 정부 차원에서 굳이 농민을 지원하지 않아도 된다. 하루아침에 우리가 모두 '이제 코카콜라는 마시지 않을래.' 이렇게 생각하고 실천에 옮기면 세상을 바꿀 수 있다.

코카콜라를 마시지 않기로 결정한 소비자는 그날 바로 생산자와 직거래를 할 수 있는 방법, 제철에 생산된 지역 먹을거리를 공급받을 수 있는 방법을 찾을 것이다. 이런 방법을 찾는 시민은 곧바로 자기 입에 들어갈 소중한 먹을거리를 생산하는 소농이 벼랑 끝에 선 사실도 깨달을 것이다. 이런 과정이 반복되면 그때 '밥상혁명'이 가능하다.

한국의 많은 시민은 대형 할인점에서 사는 먹을거리가 상대적으로 질도 좋으면서 싸다고 생각하고 있다.

편견일 뿐이다. 한국에서도 직거래를 하는 시민은 그렇게 생각하지 않을 것이다. 지금 한국도 유통 단계 없이 공급되는 먹을거리가 얼마든지 있다. 일단 바꿔보라. 내가 먼저 실천하면, 남도 따라 한다. 그리고 그런 사람이 하나둘씩 늘어나면 세상이 바뀔 수 있다. 한 번 더 강조하자. 밥상혁명은 바로 나부터 바뀌는 데서 시작한다.

소가 사람을 잡아먹는 세상

세계는 정말 먹을거리가 없어서 굶주리는 걸까? 초국적기업에 먹을거리를 의존해야 한다는 이들은 언제나 굶주림에 허덕이는 이웃의 사정을 제시한다. 실제로 현실은 끔찍하다. 유엔식량농업기구**FAO**의 통계를 보면, 2005년 기준으로 세계 인구의 7분의 1에 이르는 8억 5,000만 명이 만성 영양실조 상태다. 또 10세 미만의 어린이가 5초에 한 명씩 굶어 죽는다.

그러나 이런 통계도 있다. 역시 FAO는 25년 전인 1984년 지구가 120억 명, 즉 지금 인구의 두 배에게 1인당 하루 2,400~2,700칼로리의 에너지를 제공할 수 있는 농업 생산성에 도달한 사실을 고백했다. 이미 20년 전에도 먹을거리는 부족하지 않았다. 그렇다면, 지금도 굶는 사람이 줄기는커녕 늘어나는 이유는 무엇일까?

그렇다. 먹을거리의 분배가 엉터리로 이뤄지기 때문이다. 가장 어처구니없는 일부터 살펴보자. 전 세계에서 생산되는 곡물의 3분의 1 이상은 미국, 캐나다, 오스트레일리아 등의 소들이 먹는다. 한쪽에서 사람이 굶어죽을 때, 상당수 먹을거리가 소의 입으로 들어가는 것이다.

물론 이 소는 한국을 비롯한 각국의 육식을 좋아하는 소비자의 입으로 들어간다. 원래 소는 풀을 먹는다. 하지만 사람이 좋아하는 육질의 쇠고기를 생산

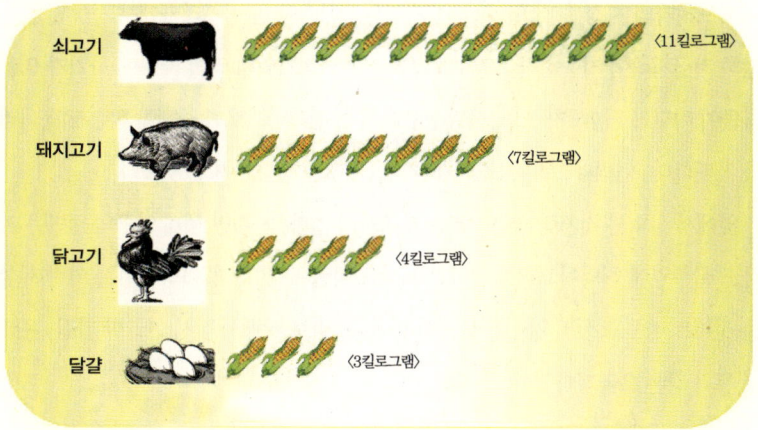

1킬로그램의 축산물을 생산할 때 들어가는 곡물량

쇠고기 〈11킬로그램〉

돼지고기 〈7킬로그램〉

닭고기 〈4킬로그램〉

달걀 〈3킬로그램〉

하려면 풀 대신 곡물을 먹여야 한다. 한국에서 수입 옥수수의 80퍼센트를 사료용으로 사용하는 것도 이런 사정과 무관하지 않다. 고기반찬이 끊이지 않는 내 밥상 탓에 지금도 한 어린이가 굶어 죽는다.

세계가 굶주리는 이유는 이뿐만이 아니다. 굶주리는 사람이 많은 나라를 가만히 떠올려보자. 아시아에서는 방글라데시, 인도 등이 떠오른다. 아프리카에서는 사하라 사막 남쪽의 나라 소말리아, 에티오피아 등이 떠오른다. 좀 이상하다. 이들 나라는 모두 인구의 과반수가 농사를 짓는다. 그럼 가뭄, 홍수와 같은 자연재해 탓일까?

아니다. 진짜 이유는 이렇다. 1995년 인도는 2억 명의 국민이 굶주리는데도 주식인 밀·밀가루 6억 2,100만 달러어치, 쌀 13억 달러어치를 수출했다. 10만 명이 굶주려 죽은 1974년 방글라데시는 어떤가? 수확을 망친 홍수에도 불구하고 이 나라도 먹을거리는 부족하지 않았다. 대다수 농민이 돈이 없어서 창고에 쌓인 먹을거리를 구매하지 못했을 뿐이다.

아프리카의 사정은 더 안타깝다. 자연환경이 척박한 아프리카에서도 농민은 충분히 자급자족이 가능하다. 그런데 그들은 초국적기업의 압박 때문에 자기가 먹을 곡물이 아니라 커피, 카카오, 사탕수수와 같은 선진국으로 수출해야 하는 먹을거리를 재배한다. 이러다 보니 아프리카의 먹을거리는 항상 부족한 것이다.

앞에서 살펴본 것처럼 먹을거리는 부족하지 않다. 하지만 세계 인구의 절반은 지금도 굶주림에 허덕이고 있다. 이런 세상을 바꿀 수 있을까? 3장에서는 이런 세상을 절대로 바꾸고 싶지 않은 이들부터 만난다. 바로 앞에서 잠시 언급한 카길, 몬샌토 등과 같은 초국적기업이다. ●

- 『세계는 상품이 아니다』(조제 보베 · 프랑소와 뒤푸르 지음, 홍세화 옮김, 울
 력 펴냄)

 벼랑 끝에 몰린 농부들이 맥도날드와 같은 초국적기업에 맞설 수밖
 에 없었던 까닭을 생생한 목소리로 들을 수 있는 책이다. 이 책의 저
 자인 프랑소와 뒤푸르, 조제 보베가 직접 등장하는 2장을 좀 더 깊이
 있게 이해하려는 이들이 꼭 읽어야 할 책이다. 유럽의 농업 정책의
 변화를 요령 있게 설명한 대목도 요긴하다.

- 『왜 세계의 절반은 굶주리는가?』(장 지글러 지음, 유영미 옮김, 갈라파고스
 펴냄)

 세계가 굶주리는 이유를 명쾌하게 설명한 책이다. 누구나 이해할 수
 있는 쉬운 설명을 통해서, 세계를 지배하는 권력이야말로 세계의 절
 반을 굶기는 진짜 이유라고 강조한다. 다음 책을 함께 읽는다면 기아
 에 대한 이해가 더욱더 깊어질 것이다.『굶주리는 세계』(식량과발전정
 책연구소Food First 지음, 허남혁 옮김, 창비 펴냄)

3장

10평 땅으로
일본을
지키는
사람들······
우리는?

여기가 일본에서 제일 너른 평야 지대다.

일본 사이타마埼玉市 현 구마가야 시 니보리신덴 지역. 제법 쌀쌀한 바람이 부는 들판에 서 있는 농부 네기시(71) 씨의 표정이 밝았다. 그의 앞에는 여문 콩으로 가득한 밭이 펼쳐져 있었다. 그는 "10월인 지금은 콩을 수확해야 할 때지만 비가 많이 와서 아직 시작을 못하고 있다"고 말했다.

유기 농업으로 쌀농사를 짓는 네기시 씨는 이 밭 외에 3개의 논을 더 가지고 있다. 그는 논의 지력을 회복하고자 3년에 한 번씩 논에 콩을 심었다. 그렇게 재배한 콩은 농협에서 한 가마니(60킬로그램)당 5,000엔의 가격에 대부분을 수매한다. 네기시 씨 부부는 남은 콩으로 일본 전

일본 사이타마 현에서 농사를 짓는 네기시 씨 부부.

통 된장을 만들어 팔기도 한다.

　그런데 네기시 씨처럼 콩 농사를 짓는 마을 주민은 손으로 꼽을 정도다. 그는 "농협에서 종자를 구입해서 콩 농사를 지은 다음 콩을 농협으로 팔아도 손에 남는 돈은 거의 없다. 이러니 농사를 지으려는 사람이 갈수록 줄어든다. 공사판에서 일하는 게 차라리 낫다"고 말했다.

앞으로 어떻게 될지
아무도 모른다

　　　　　　　　　　　　이 보글보글 올라오는 게 발효가
진행 중이라는 걸 알리는 신호다. 삶은 콩에 볶은 밀, 소금, 물을 넣고 섞어서 이렇게 발효를 시키면 간장이 된다. 이건 이 년 정도 된 간장이고, 저건 올봄에 담근 거고……. 좀 있다 맛을 한번 보면 일반 간장과 다른 점을 확실히 느낄 수 있을 것이다.

커다란 간장 통 속을 저으면서 아다치(53) 부인이 나긋나긋 말했다. 야마나시山梨 현에서 유기 농업 전통 농법으로 20년 넘게 농사를 지어온 아다치 나오지 씨 부부. 이들이 직접 재배한 콩으로 담가 만드는 간장은 인근 지역에서 최고로 인기가 있다. 자신의 밭으로 안내한 아다치(56) 씨는 지역 사정을 설명하며 쓸쓸한 웃음을 지었다.

아다치 씨는 "우리 동네에 50대 밑으로는 농사짓는 사람이 없다"며 한 노인을 가리켰다. 기계로 밭을 갈던 노인의 나이는 82세. 나머지 대여섯 가구도 모두 60~80대다. 앞으로 30년 후에 이 마을이 존재할 가능성은 거의 없다. 아다치 씨는 "당장 우리 부부가 죽으면 20년간 만들어온 간장도 세상에 더 이상 나오지 않을 것"이라고 말꼬리를 흐렸다.

아다치 씨가 그만두면 이 지역은 간장 제조뿐만 아니라 콩 농사 자체가 끊긴다. 아다치 씨 역시 쌀

직접 재배한 일본산 콩으로 담근 일본 전통 간장을 소개하는 아다치 부인.

농사를 짓는 논에 3년에 한 번씩 콩을 심어서 농사를 짓고 있다. 하지만 이 지역 역시 콩 농사를 짓는 집은 아다치 씨 외에는 없다. 그는 "콩 농사를 지어서 얻는 수입이 거의 없으니……." 하며 혀를 찼다.

콩 수입국으로 전락한 일본, "그 콩은 GMO야!"

이런 상황은 일본 전역이 똑같다. 대규모로 콩을 경작하는 홋카이도 지역을 제외하면 콩 농사를 짓는 농가는 드물다. 콩 소비량이 많은 일본의 사정을 염두에 두면 이상한 일이다. 일본 시민생명공학센터 게이스케 아마가사天笠啓祐 대표는 "수입 콩의 가격이 워낙 싸다 보니 농민이 콩 농사를 짓지 않는다. 그 결과 이

일본의 콩 소비량은 많지만, 점차 수입 의존도가 높아지면서 이제 콩 자급률은 4퍼센트까지 떨어졌다.

제 콩은 전적으로 수입에 의존한다"고 설명했다.

2008년 현재 일본에서 미국산 콩은 1킬로그램당 약 100엔에 거래된다. 1킬로그램당 400엔인 일본 국내산 콩이나 1킬로그램당 800엔인 무농약·유기농 콩은 가격 면에서 미국산 콩과 경쟁이 되지 않는다. 결국 100퍼센트 가까이 유지하는 쌀 자급률과 달리 콩 자급률은 수십 년 새 형편없이 떨어졌다.

일본의 콩 자급률은 4퍼센트 수준(2003년 기준). 사료용을 제외한 콩 자급률도 22퍼센트 정도로 식탁에 오르는 콩의 4분의 3 이상이 다 외국산이다. 콩 자급률이 13.6퍼센트인 한국의 상황과 별반 다르지 않다. 또 일본인의 입으로 들어가는 콩의 대부분은 미국산이다(수입 콩의 약 80퍼센트).

아마가사 대표는 "심각한 문제는 그 미국산 콩의 90퍼센트 정도가 '유전자 조작(GM)' 콩이라는 점"이라고 지적했다. 전 세계 콩 재배 면적은 약 7,600만 헥타르ha. 그중 미국 몬샌토가 개발한 GM 콩, '라운드 업 레디'의 재배 면적은 4,140만 헥타르를 차지한다. 절반이 넘는 비율이다.

일본에 GM 콩이 들어오기 시작한 시기는 1996년이었다. 아마가사 대표는 "미국에서 GM 콩을 재배한다는 소식을 듣고, 당연히 일본이 수입할 것이라고 예상했다. 수입 2년 전부터 반대 운동을 했지만 역부족이었다"고 설명했다. 그는 "콩 외에도 자급률이 0퍼센트에 가까운 유채, 옥수수 역시 미국, 캐나다에서 재배한 GM 작물"이라고 덧붙였다.

일본에서 GM 작물의 표시 의무는 비의도적 혼입 비율이 5퍼센트 이상일 때로만 한정된다. 미국처럼 GM 작물을 많이 재배하는 나라에서는, 일반 작물 속에 GM 작물이 섞일 수 있다. 비의도적 혼입 비율은 이런 점을 염두에 두고 정한 기준이다. 일본처럼 비의도적 혼입 비율을 5퍼센트로 정하면, 설사 GM 콩이 확인되더라도 그것이 100개 중 5개 미만이면 일반 콩으로 간주된다.

이런 일본의 기준은 한국 3퍼센트, EU 0.9퍼센트와 비교했을 때 상당히 높은 수치다. 설사 GM 작물 표시가 없더라도 일본에서 볼 수 있는 대부분의 콩이 들어간 먹을거리에 GM 콩이 쓰였다고 봐도 무리가 없는 셈이다. 이것은 미국 같은 GM 작물 수출국이 이 비의도적 혼입 비율을 높이고자 일본 등의 GM 작물 수입국에 압력을 행사한 탓이다. 한국도 이 비의도적 혼입 비율을 1퍼센트로 낮추고자 시도했으나 미국의 압력으로 무산되었다.

이런 상황에서 아직 안전성이 검증되지 않은 GM 작물을 경계해야 한다는 목소리가 시민들 사이에서 자연스럽게 터져 나왔다. 야마나시 생활 클럽 생활협동조합의 아카이시 노리코 간사는 "1997~98년에 반대 운동이 활발하게 전개됐다. 이 과정에서 언론의 힘이 컸다. 당시 한 TV 프로그램이 GM 작물의 실상을 생생히 보여주면서 운동에 불이 붙었다"고 설명했다.

일본인들의 높은 불신은 GM 작물 시험 재배 반대 운동, GM 작물 표시제 도입 요구, 학교 급식 내 GM 작물 사용 금지 요구 등으로 이어졌다. 1997년에는 107만 명이 GM 작물 표시제 도입 서명에 동참했다. 몬샌토와 아이치 현의 GM 벼 공동 개발도 거센 반발에 중단됐다. 최근에는 일본 각지에서 '콩 트러스트 운동'이 활발하게 진행 중이다.

1년 10평의 땅으로
일본 콩을 지키자

GM 작물을 막으려면 어떻게 해야 할까, 고민하던 차에 결국 콩 자급률을 높이는 게 대안이라는 결론에 도달했다. 다른 GM 작물도 있지만, 일단 콩을 선택했다. 3끼 식사에 콩이 들어간 먹을거리가 꼭 올라갈 정도로 콩은 일본인들에게 가장 크게 피부에 와닿는 작물이기 때문이다.

일본 GMO 반대 운동을 주도해온 아마가사 대표는 콩 트러스트 운동의 기본 취지를 이렇게 설명했다. 방법은 간단하다. 자연환경과 문화유산을 보호하고자 시민들이 모금을 통해 보호하려는 땅을 사들이는 '내셔널 트러스트 운동'처럼, GM 작물로부터 토지와 종자를 지키려는 시민들이 일 년에 한 번씩 콩밭을 '구매'하는 것이다.

엄밀히 말하면 시민 각자가 콩밭을 직접 사지는 않는다. 대신 밭에서 나는 콩을 미리 정해진 가격으로 산다. 농민은 이렇게 지불된 콩 값으로 일 년 동안 농사를 지은 다음, 그 땅에서 생산된 콩을 수확하고 나서 콩 값을 미리 낸 시민에게 전달한다. 만약 그해 콩 농사가 흉작이라면 어떨까?

바로 이것이 콩 트러스트 운동이 보통의 계약 재배와 다른 점이다. 시민은 풍년인 해에는 평년보다 더 많은 콩을 받고, 흉년인 해에는 더 적은 양의 콩을 받는다. 이 운동에 참여하는 시민의 일차적 관심사는 작황 여부에 상관없이 농민이 콩 농사를 지속적으로 짓는 것이다.

평균적으로 1구좌를 신청한 시민은 약 10평(33제곱미터)의 밭에서 얻은 콩을 그해 가을에 받을 수 있다. 1구좌는 4,000엔(6만 3,000원) 선. 1구좌를 신청한 시민이 얻게 되는 콩의 양은 평년 기준 4~5킬로그램 정도다. 이들은 때로 콩 대신 간장, 된장 등 콩으로 만든 가공식품도 공급받는다.

콩 트러스트 운동이 주는 혜택은 다양하다. 시민이 미리 생산에 필요한 비용을 지불함으로써, 농민은 안정적으로 한 해 농사를 지을 수 있다. 또 시민은 GM 콩이 아닌 일본산 콩을 안정적으로 공급받을 수 있다. 생산자와 소비자가 지속적으로 교류하면서 상호신뢰를 바탕으로 한 지역 연대가 높아지는 효과도 얻는다.

네기시 씨도 2005년부터 사이타마 생활 클럽 생활협동조합이 벌이는 콩 트러스트 운동에 참여하고 있다. 그는 "돈을 냈다고 손에 넣는 콩의 양이 똑같지는 않다"며 "대신 파종, 김매기, 수확, 된장·두부 만들기 등을 직접 할 수 있다"고 설명했다. 일부 농민은 콩 종자를 시민에게 직접 보내 텃밭 재배를 권하기도 한다.

지난 1998년 처음 시작한 콩 트러스트 운동은 직거래의 경험이 오래된 야마가타, 후쿠시마, 이바라키, 지바, 시즈오카 현 등을 중심으로 10년 만에 전국 54개 지역으로 퍼졌다. 적게는 10여 가구에서 많게는 수천 가구까지 이 운동에 참여하고 있다. 이렇게 운동이 확산되는 데는 일본 전역에 촘촘히 조직된 생활협동조합이 큰 몫을 했다.

콩 트러스트 운동은 지난 2000년 이후 GM 벼의 공격으로부터 토종 벼 종자를 지키고, 유기 농업을 지지하는 '벼 트러스트 운동'으로 확장됐다. 1구좌당 3만 엔(약 50만 원)을 내고 벼 트러스트 운동에 참가한 소비자는 1년에 약 40킬로그램의 쌀을 받는다. 콩 트러스트 운동, 벼 트러스트 운동은 먹을거리의 안정적이고 안전한 공급을 꾀하는 새로운 식량 주권 선언이다.

토지와 종자를 지키고 싶다면 행동에 나서라

네기시 씨의 밭 구석에는 "여기는 GM 작물 거부 지역입니다"라고 적힌 간판이 서 있었다. 그는 "나는 옛날부터 유기 농업을 하면서 GM 작물을 거부하고 있었는데, 알고 지내던 생활협동조합 친구들이 콩 트러스트 운동에 동참하기를 권유해서 참여했다"고 콩 트러스트 운동에 동참하는 이유를 설명했다.

네기시 씨는 "사실 콩 트러스트 운동은 벼랑 끝에 몰린 콩 농사를 짓는 농민의 마지막 보루이다. 시민들이 구좌를 미리 사주면 최소한의 수입을 보장받을 수 있어서 콩 농사를 포기하는 걸 막아준다"고 설명했다. 그는 "그러나 이 운동으로 농민이 큰 수입을 얻는 것은 아니다. 이 운동의 장점은 따로 있다"고 지적했다.

네기시 씨는 "생산자와 생산자, 생산자와 소비자가 직접 교류할 수 있게 된 게 이 운동의 가장 큰 장점이라고 생각한다"고 설명했다. 아다치 씨도 "콩 트러스트 운동에 참여하는 다른 농민과 정보를 교환할 수 있다. 이 운동에 참여하는 지역 농민은 몇 년 전부터 농협에서 종자를 구입하지 않고 야마나시 고유의 콩 종자를 쓰고 있다"고 말했다.

아다치 씨는 이어서 "생산자와 소비자가 교류를 하기 시작하면 생산자는 소비자에게 좀 더 믿을 만한 먹을거리를 공급하려고 신경을 더 쓸 수밖에 없다. 더불어 소비자는 생산자와의 교류를 통해서 농업, 농민 문제가 남의 문제가 아니라 바로 나의 문제라는 걸 알게 된다"고 설명했다.

아마가사 대표는 "콩 트러스트 운동은 전국으로 퍼졌지만 소비자와 생산자 모두 목적의식이 있지 않으면 제대로 운영되기 힘들다. 목적의식이란 바로 자급률 제고, GM 작물 반대, '착한' 농법 지지로 요약된다"고 설명했다. 그는 "1996년 당시 일본의 콩 자급률은 2.8퍼센트대였으나 현재 4퍼센트 이상 올라간 것은 이 운동의 작지만 의미 있는 성과"라고 강조했다.

지난 1996년 아마가사 대표를 비롯해 일본 내 생활협동조합, 소비자단체들이 조직한 '노 No GM 작물 캠페인'은 현재 콩 트러스트 운동을 넘어서 꾸준히 활동하고 있다. 2005년부터 특히 지방자치단체, 기업을 대상으로 'GMO-프리GMO-Free'를 선언하고

네기시 씨의 콩밭 한켠에는 'GMO 프리존(유전자 조작 작물 거부 지역)'이라고 적힌 간판이 세워져 있다.

'GMO-프리존GMO-Free Zone'을 요구하는 활동을 진행 중이다.

이런 활동은 일본 내 GMO 반대 여론 확산에 크게 기여했다. 아마가사 대표는 "일부 농가에서 GM 재배를 고민하는 이들도 주위에서 말려서 못하게 하는 게 일본의 분위기다. GM 작물이 재배되면 그 지역의 다른 농작물까지 팔리지 않을 수 있다는 두려움이 커서 일본 내에서 GM 작물이 확산될 가능성은 적다"고 말했다.

그는 "정부는 자유 무역 논리에 밀려 사라진 보조금을 다시 살려 자급률을 높이기 위해 노력해야 한다. 정부가 보조금을 지불하다 없앤 콩, 유채는 바로 큰 타격을 입었다"고 설명했다. 이어서 그는 "그러나 마냥 정부만 바라볼 수는 없는 노릇이다. 생산자와 소비자가 함께 나서는 트러스트 운동, 지산지소 운동 등이 중요한 이유가 여기 있다"고 강조했다.

종자 전쟁

우리는 농업 회사입니다. 우리는 기술 혁신을 통해 전 세계 농부들이 환경을 보호하면서 식량을 더 많이 생산하도록 돕습니다. 우리는 농부들이 지속 가능한 경작을 할 수 있도록 돕습니다. 우리는 농부들이 더 건강한 식량을 생산하고, 더 좋은 사료로 동물을 더 잘 키울 수 있도록 돕습니다. 우리는 농업이 환경오염을 일으키지 않도록 돕습니다.

1901년 미국에서 설립된 몬샌토Monsanto. 설탕 대신 쓰던 인공 감미료 사카린을 만들어 팔던 이 작은 기업은 약 100년 만에 연 60억 달러의 매출을 올리며 전 세계 농업을 좌지우지하는 초국적기업으로 성장했다. 이 기업은 자사의 성공 비결로 '기술 혁신'을 꼽고 있다. 그들이 말하는 기술 혁신의 대표적인 예는 바로, '유전자 조작Genetically modified·GM' 기술이다.

몬샌토는 1980년대 초부터 GM 작물을 만들기 시작해, 1987년부터 본격적으로 이 GM 작물 상업화에 나섰다. 미국 정부의 강력한 지원을 등에 업은 몬샌토의 GM 작물 상업화 노력은 1996년 GM 콩을 최초로 상업화하는 데 성공하면서 절정에 달했다. 이제 몬샌토는 전 세계에서 GM 작물의 상징처럼 인식된다.

2008년 현재 EU 가입국 중 GM 작물의 시험 재배가 아닌 상업 재배가 허용되는 곳은 독일, 스페인, 프랑스, 포르투갈, 체코 등 5개국. 2007년 GM 옥수수는 이들 국가 내 총 11만 헥타르의 땅에서 재배됐다. 2006년 6만 2,000헥타르였던 것에 비하면 일 년 만에 두 배 가까이 늘었다. 뒤늦게 프랑스가 2008년부터 GM 옥수수 상업 재배에 제동을 걸었으나 역부족이다.

이렇게 재배 면적이 늘어나는데도 정작 GM 작물이 더 건강한 먹을거리라고 생각하는 소비자는 드물다. 유럽 소비자는 세계 어떤 지역보다 GM 작물에 대한 불신이 깊다. EU가 지원하는 GM 작물 정보 사이트 'GMO 나침반GMO-compass'이 "GM 작물 함유 사실을 표기한 상품은 사실상 시장에서 실패할 각오를 해야 한다"고 경고할 정도다.

씨앗에서 씨앗으로, 농부에서 농부로

일본의 콩 트러스트 운동은 이처럼 안전성이 검증되지 않은 GM 종자로부터 전통 종자를 지키는 움직임이라는 측면에서 주목할 만하다. 이처럼 1990년대 이후 초국적기업이 전 세계에 유포한 GM 작물은 오히려 농민으로부터 고유 종자를 지켜내야 한다는 긴박한 위기의식과 갖가지 실천 행동을 이끌어냈다.

인도 남부 지역에서 활동하는 시민단체 '나브다냐Navdanya'는 종자 지키기 운동을 전개하는 대표 사례이다. 초국적기업이 종자 특허권을 확보하고 그런 종자를 획일적으로 농민에게 강요하는 움직임에 대항해 전통 종자를 지키고 유기 농업을 일으키자는 나브다냐의 정신은 전 세계 곳곳에서 다양한 모습으로 변주되고 있다.

나브다냐는 인도 전역에 세 곳의 씨앗 은행을 운영한다. 인도 데라둔

에 있는 씨앗 은행에는 400가지 벼, 60가지 밀, 20가지 콩, 7가지 유채 종자가 보존돼 있다. 전국에 있는 나브다냐 씨앗 은행에 보관된 벼 종자의 수만 1,200가지가 넘는다. 이 종자는 원하는 사람이면 누구나 이용할 수 있다.

일단 씨앗 은행을 이용할 농민은 필요한 만큼 씨앗을 가지고 가서 일 년 농사를 지은 다음, 수확할 때 가져간 씨앗의 1.25배를 돌려주면 된다. 이것은 나브다냐가 내세우는 "씨앗에서 씨앗으로, 농부에서 농부에게"라는 의식을 그대로 구현하는 실천

나브다냐가 운영하는 데라둔 씨앗 은행. 다양한 인도 전통 종자가 보존돼 있다.

이다. 현재 데라둔 씨앗 은행에 있는 400가지 종류의 쌀은 데라둔 지역 곳곳에서 재배되고 있다.

'새천년의 간디'로 불리는 반다나 시바.

나브다냐의 농업이 단순히 전통 방식을 답습하는 것은 아니다. 데라둔의 농장에는 새로운 과학기술과 전통 농업 기술을 합쳐 환경 친화적이고, 생산 효율적인 농업 기술을 연구하는 '흙 연구소'가 자리 잡고 있다. 여러 농민으로부터 각지의 흙을 수집해 성분을 분석하는 한편 각 토질에 맞는 비료를 만들어내는 연구를 하고 있다.

나브다냐 운동을 이끈 주인공은 전직 핵물리학자이자 세계적인 환경운동가로 알려진 인도의 반다나 시바Bandana Shiva다. 몬샌토와 같은 초국적기업과 이와 연계된 과학자로부터 '돌팔이 과학자'라는 소리를 듣지만, 인도 농민으로부터 '새천년의 간디'라는 칭호를 얻은 반다나 시바. 그는 이 운동을 시작한 계기를 이렇게 설명한다.

1987년의 일이었다. 농화학 기업 중 하나인 샌도스의 대표가 이렇게 예측했다. "세기가 바뀔 무렵, 대규모 농화학 기업은 다섯 개 정도만 남게 될 것이다. 종자에 관한 특허를 많이 받아두는 게 좋을 것이다." 그 말이 내 인생을 바꿔버렸다. 내가 모르는 새 세상이 미치고 있었다.

마치 영국이 인도를 수탈한 것처럼, 지금 초국적기업들은 우리의 전통적인 농업 지식과 종자를 독점하고 통제하려는 식민화를 하려 한다. 이제 우리는 이 새로운 악에 대항해 힘과 지혜를 모으기 시작했다. 우리가 몬 샌토와 싸울 수 있는 힘은 바로 이 연대에 있다. 쌀, 콩, 유채를 되찾아 왔 듯이 앞으로 우리가 빼앗겼던 모든 것을 되찾아 올 것이다.

"먹을거리 위험…그렇게 속고도 아직 모르나?"

제1세계 중에서 GM 작물 반대 운동이 가장 활발한 나라는 프랑스다. GM 작물을 싫어하는 프랑스인의 태도는 유럽 내에서도 유명하다. 2008년 2월, 프랑스 환경부가 실시한 조사를 보면, "GM 작물이 함유 되지 않은 먹을거리를 섭취하는 게 중요하다"는 답변이 72퍼센트를 차지했다. "'GM 작물 없음GMO-free'이라고 표기된 제품에는 어떤 GM 작물 성분도 들어가서는 안 된다"는 답변도 71퍼센트나 되었다.

기 카슬레 프랑스종자네트워크 대표.

이런 여론 탓인지 GM 작물 식 품 유통이 허용된 프랑스의 매 장에서 GM 작물이 포함된 제품 은 볼 수 없었다. 미국산 쇠고기 를 둘러싼 안전성 논란이 한창이 던 2008년 5월 빵, 과자 등의 원 료로 쓰일 GM 옥수수가 대량으로 수입됐는데도 큰 논란이 일지 않았던 한국과는 대조적이다. GM 작물에 대한 프랑스인들의 강한 반감은 어디서 비롯된 것일까?

남부 프랑스 몽펠리에의 한 시민단체 사무실에서 만난 프랑스종자네트워크의 기 카슬레^{Guy Kastler} 대표는 프랑스에서 가장 유명한 GM 작물 반대 농민운동가이다. 그는 유럽인의 거부감을 한마디로 정리했다.

시민들이 진실을 안 거지. 우리가 그동안 과학자들에게 너무 많이 속아왔다는 걸.

진실을 알게 됐다는 이야기를 좀 더 자세히 해달라. 과학자들이 먹을거리를 두고 속였다는 말은 무슨 의미인가?

정부의 지원을 받은 과학자는 늘 기업이 이윤을 목적으로 유통하는 제품을 놓고 '안전하다.' 이렇게 되뇌곤 한다. 20세기 들어서 그런 일은 계속 반복됐다. 그러나 그들의 말과 그런 먹을거리가 '독'이 된 경우가 허다했다. 시민은 더 이상 그런 과학자를 믿지 않는다. 많은 시민들이 스스로 조심하고 주의하며, 균형 잡힌 견해를 알기 위해 노력한다.

정부가 '과학자'를 앞세워 안전을 홍보하다가 실패한 대표적인 사례가 바로 광우병 파동이다. 영국에서 광우병 공포가 확산되던 때가 1990년이다. 그때 영국의 존 검머 농무부 장관은 자신의 딸과 직접 TV에 출연해 쇠고기를 먹는 쇼를 벌였지만, 결국 영국은 가장 많은 시민이 광우병으로 희생되는 비극의 나라로 기록되지 않았나.

GM 작물의 위험성에 대해서는 여전히 많은 논란이 있다. GM 종자를 생산하는 기업들은 아직까지 그 위험성이 과학적으로 증명되지 않았다고 주장한다. 그런데도 이를 광우병과 같은 맥락에서 설명할 수 있나?

그렇다. 일단 사람이 죽는 사고가 발생한 뒤 위험을 깨닫는 것은 불행한 일이다. GM 작물에 관한 논란도 다르지 않다. 몬샌토를 비롯한 기업, 그 기업을 등에 업은 미국 정부는 줄곧 GM 작물이 '위험하다'는 증거가 없다고 강조한다. 그러나 진실은 정반대다.

유럽식품안전청EFSA이 지원한 한 연구를 보면 내성을 지니도록 GM 옥수수에 삽입된 농약 성분이 수년 안에 인체에 문제를 일으킨다는 자료가 있었다. 그런데도 정부가 지원하는 다른 연구는 같은 성분을 놓고 '문제가 없다'고 발표했다. 나중에 알고 보니 이 연구는 GM 옥수수를 섭취하고 일 년 안에 문제가 있는지 여부를 기준으로 안전성을 따지는 실험이었다.

GM 작물에 관한 실험은 대부분 이런 식이다. 쥐를 통해서 이뤄지는 임상시험 기간은 대부분 최장 90일 정도이다. 대개 그 대상도 아주 건강한 수컷 쥐로 한정된다. 면역력이 상대적으로 약한 늙은 쥐, 암컷 쥐, 어린 쥐를 놓고는 임상시험을 따로 하지 않는다.

GM 작물의 알레르기 유발 가능성을 놓고 논란이 벌어지고 있다는 걸 염두에 두면 이런 편의적인 임상시험은 더 큰 문제를 안고 있다. 사람을 염두에 두더라도 알레르기 유발 가능성은 어른보다는 어린이가, 그중에서도 특히 한 살 이내의 영아들에게 알레르기가 나타날 가능성이 크기 때문이다.

GM 작물의 위험성을 증명하는 연구 결과도 꾸준히 발표됐다고 들었다. 대표적인 사례는?

잘 알려진 사례 중 하나는 1998년 영국의 아르파드 푸스타이 박사가 진행한 실험이었다. 당시 푸스타이 박사는 GM 감자를 먹인 쥐의 면역 기능이 저하되면서, 주요 장기 크기가 줄어든 연구 결과를 발표했다.

2005년 러시아의 일리나 에르마코바 박사 역시 몬샌토 사의 GM 콩을 먹은 쥐의 사망률이 6배나 증가했다는 결과를 발표했다. 이들 쥐가 출산한 45마리 가운데 25마리가 사산됐고 출산한 쥐의 36퍼센트도 20그램 이하로 성장이 둔화됐다. 또 2007년 프랑스 캉 대학의 세랄리니 교수는 GM 옥수수를 먹은 쥐의 신장과 혈액 성분이 변했다고 발표했다.

이들의 연구는 곧바로 반박에 직면했다. 푸스타이 박사는 근무하던 연구소에서 쫓겨났고, 같은 해 영국왕립협회로부터 실험 설계가 부적절하고 실험 대상이 불확실하다는 반박을 받았다. 에르마코바 박사의 발표 역시 논문 게재가 거절당한 채『네이처』를 통해 실험의 문제점이 지적됐다. 세랄리니 교수의 연구 결과 역시 유럽식품안전청의 반박을 받았다.

이렇게 GMO가 안전하지 않다는 증거가 계속 나오는데도 정작 WTO, EU는 이런 연구 결과를 외면하거나, 자신의 영향력 아래 있는 과학자를 동원해 반박하고 있다. 물론 그 뒤에는 몬샌토와 같은 기업이 있다. 이런 기업, 정부와 과학 토론을 벌이는 것은 사실상 불가능하다.

현재 GM 작물은 미국, 인도 등 다양한 국가에서 대규모로 재배되고 있다. GM 작물을 반대하거나, 먹기를 거부하는 이들이 취할 수 있는 방법이 있다면.

현재 상황에서 GMO 표시제가 꼭 필요하다. EU는 지난 2003년, 비의도적으로 혼입된 GM 작물이 0.9퍼센트 이상인 식품에 의무적으로 GMO 표시를 하는 제도를 만들었다. 유례가 없는 가장 강력한 의무 조항이다. 한국과 일본은 각각 3퍼센트, 5퍼센트로 좀 더 느슨하다고 알고 있다. 또 모든 유기 농업에서는 GM 작물 사용 또는 재배가 엄격하게 금지된다.

비록 아직 GM 작물 재배를 금지하는 데 성공한 것은 아니지만, 이 제도는 강력한 힘이 있다. 이런 강력한 표시제 덕분에 GM 작물이 함유된 제품이 프랑스 소비자에게 직접 전달될 가능성은 아주 낮아지기 때문이다. 표시제는 경고의 효과를 유발해, 프랑스 시민은 몬샌토의 선전에도 불구하고 GM 작물이 아주 위험한 먹을거리라고 인식하고 있다.

프랑스의 GMO 반대 포스터.

좀 더 근본적으로 GM 작물

의 위험성을 차단하기 위해서는 결국 GM 작물 재배를 막아야 하지 않을까.

그렇다. 나뿐만 아니라 프랑스의 소농과 시민단체들은 GM 작물의 프랑스 내 재배 금지를 이끌어내기 위해서 총력을 기울이고 있다. GM 작물이 계속 재배되면 자연적으로 결국 인근의 작물에 영향을 줄 수밖에 없다. GM 작물을 거부하는 소비자의 권리를 지키기 위해서라도 다른 작물까지 오염시키는 GM 작물을 재배해서는 안 된다는 논리를 이끌어낼 수 있을 것이다.

소비자의 높은 불신은 유럽 내에서 GM 작물 재배가 미국, 중국, 남아메리카 등지와는 달리 빠른 속도로 확산되지 않는 데에 결정적인 역할을 하고 있다. 재미있는 일화가 있다. 몬샌토 영국 지부 직원들이 구내식당 이용을 거부한 적이 있다. 이유는 한 가지, 바로 몬샌토의 GM 작물로 만든 음식을 먹을 수 없다는 것이었다. 몬샌토는 결국 직원을 설득하는 데 실패하고, GM 작물이 들어가지 않은 메뉴를 별도로 마련하기로 결정했다.

GM 작물을 옹호하는 논리 중 하나는 바로 세계 인구의 증가 속도가 식량 증산 속도보다 더 빨라 더 많은 기술 개발이 필요하다는 것이다. 몬샌토 등은 식량 위기를 해결할 해법으로 GM 작물을 옹호하는 논리를 내세우고 있다.

잘 보라. 정작 지금까지 세상에 선보인 GMO는 식량 증산과는 거리가 멀었다. 1996년 몬샌토가 최초로 상업 재배를 하기 시작한 GM 콩 '라운드업 레디Round-up Ready'가 그 대표적인 예다.

몬샌토는 애초 '라운드업Round-up'이라는 제초제를 만들었다. 몬샌토는 이 라운드업 제초제를 견딜 수 있도록 유전자를 조작한 콩을 개발해 '라운드업 레디'라고 이름 붙여서 공급했다. 몬샌토는 "이 GM 콩이 제초제 사용을 줄일 것"이라고 선전을 했지만 현실은 달랐다.

몬샌토의 GM 콩을 구입한 농민은 라운드업 제초제를 구매할 수밖에 없다. 몬샌토의 GM 콩 덕분에 라운드업 제초제의 사용량만 늘어난 것이다. 농민은 제초제에 대한 선택권을 몬샌토에 넘겨줬을 뿐만 아니라, 제초제 사용량이 늘어나서 땅과 환경까지 파괴되었다.

GM 작물이 기아에 시달리는 후진국에 도움을 준다? 천만의 말씀이다. 몬샌토가 과연 식량을 늘리는 GM 작물을 진지하게 개발한 적이 있나? 더구나 GM 작물을 기르기 위해서는 넓은 땅, 헬기, 첨단 기술이 필요하다. 그런데 과연 후진국들이 그럴 능력이 있는가. 지금 GM 작물을 재배하면서 누가 돈을 벌고 있는지를 한번 생각해보라.

일단 환경이 갖춰지면 대량 생산을 통해 효율적으로 더 많은 작물을 생산할 수 있다는 반박도 제기할 수 있을 것 같다. 한국에서도 미국에서 생산된 GM 옥수수나 콩이 더 저렴하다는 이유로 대규모로 수입되고 있다. 이제 콩이나 옥수수를 이용한 저렴한 먹을거리는 대부분 이런 GM 작물로 만들어진다.

사실 GM 작물의 가장 큰 문제점은 따로 있다. 유전자 변형은 결국 농촌마저 변형시키고 상처를 남기고 있다. GM 작물은 결과적으로 무슨 작물을 어떻게 재배할지에 관한 농민의 선택권을 빼앗는다. GM 작물은 소농을 죽이고 환경을 죽이는 일종의 범죄이다.

몬샌토는 특허에 대한 집착으로도 유명하다. 몬샌토는 새로운 종자를 개발하는 즉시 특허 등록을 한다. 농민이 몬샌토의 종자를 사용하려면 정식 계약서를 작성하고 등록 종자를 구입해야 한다. 농민은 매년 이렇게 몬샌토의 종자를 재구매할 수밖에 없다. 몬샌토는 이를 위반할 경우 법적 대응도 불사했다. 종자에 접근할 권리가 몬샌토로 넘어간 것이다.

이런 전략이 머지않은 미래에 소비자들의 발목까지 잡을 것이다. 프랑스에서도 좀 더 싼 GM 사료를 수입한다. 이런 수입 조치가 단기적으로 물가를 안정시키는 효과는 있겠지만, 장기적으로 GM 작물이 확산될수록 소농이 망하고 결국 몬샌토 같은 기업이 먹을거리를 좌지우지하는 힘을 갖게 된다. GM 작물 사용은 사탕발림으로 소비자의 수갑을 채우는 일에 불과하다.

한국에서는 아직 GM 작물의 위험성이 많이 알려지지 않았다. 반대 운동도 시민단체와 생활협동조합 등 일부에서만 활발하게 전개될 뿐이다. 한국의 독자들에게 강조하고 싶은 말이 있다면.

GM 작물이 우리의 미래라는 말은 결코 증명되지 않았다. 상황을 바꿀 수 있는 여지는 충분하다. 자연을 조금만 더 이해한다면, 그간 생태계의 균형을 유지해온 곤충과 식물의 관계를 인공적으로 바꾸는 것은 결국 생태계의 법칙 자체를 흔드는 대단히 위험한 일이라는 걸 알 수 있다. 지속 가능한 삶과 환경의 원리를 알려나가는 게 중요하다.

현재 유럽에서는 카슬레 대표와 비슷한 주장을 펼치는 시민단체들이 활발한 활동을 벌이고 있다. 1990년 이후 조제 보베 비아캄페시나 대변인을 비롯한 프랑스농민연합 회원들이 GM 작물 재배에 반대하며, GM 작물을 시험 재배하는 밭을 공격한 캠페인은 세계적으로 널리 알려져 있다.

GM 작물을 기르지도, 사지도 않겠다는 캠페인 'GMO 프리 운동' 역시 유럽 전역에서 전개되고 있다. 이미 약 174개 지역에서 4,500개 지방자치단체가 공식적으로 'GMO 프리'를 선언했다. 하지만 여전히 자본력과 자유 시장 논리를 앞세운 GM 작물 확대가 이런 반대 움직임보다 더 빠른 속도로 이뤄지고 있는 것이 현실이다.

2008년 프랑스 정부는 EU의 허가를 받은 몬샌토의 GM 옥수수 종자 'MON810'의 상업적 생산을 금지했다. 그러자 EU는 프랑스 정부의 결정이 자신들의 합의에 어긋난다며 이를 되돌리려 갖은 노력을 다 하고 있다. 실제로 프랑스가 거부한 EU의 GM 작물 정책의 허점은 한두 가지가 아니다.

EU의 GMO 표시제에도 한계가 많다. GM 사료를 먹고 자라는 소, 닭에서 나온 각종 유제품, 달걀은 GMO 표시를 하지 않아도 된다. 또 GM 효모를 이용해서 만든 포도주, GM 옥수수를 이용해 만든 전분이 들어간 제품 등도 여전히 표시 의무가 없다. 유럽을 비롯한 세계 어느 곳도 GM 작물로부터 자유롭지 않다.

사람들이여, 조심하라!

세계화는 피할 수 없는 대세입니다. 온갖 상품은 물론이고 사람도 오고 가는 마당에 먹을거리가 세계화에서 예외가 될 수는 없습니다. 중국산 먹을거리가 한국의 식탁을 점령한 이유는 중국에서 훨씬 더 싼값에 비교적 양질의 먹을거리를 생산할 수 있기 때문입니다.

이렇게 중국산 먹을거리를 수입하는 대신 한국은 중국에 자동차, 휴대전화를 팔 수 있습니다. 세계화가 가능하게 한 이런 무역을 통해서 중국도 이익을 얻고, 한국도 이익을 얻는 것입니다. 지금 문제 삼아야 할 것은 중국 먹을거리의 안전을 도모하는 일이지, '먹을거리 세계화' 자체를 부정해서는 안 됩니다.

2008년 중국 발發 멜라민 공포가 전 세계를 휩쓸 때, 이렇게 말하는 사람을 만났다. 한국의 농업은 경쟁력이 없으니 포기해야 한다고 말하는 이들은 대개 이런 식으로 생각할 것이다. 그러나 이렇게 먹을거리 세계화를 인정하는 순간, '먹을거리의 안전을 도모하는 일'은 가능하지 않다. 왜 그런지 한번 생각해보자.

오늘날 중국산 먹을거리는 '위험한' 먹을거리의 상징이 되었다. 그런데 중국은 불과 수십 년 전까지만 하더라도 '요리의 천국'으로 불렸다. 중국이 도대체 어쩌다 이

지경이 되었을까? 잘 알다시피 그 배경에는 중국을 불과 20년 새 '세계의 공장'으로 만든 세계화가 뿌리를 틀고 있다.

중국은 1980년대부터 계획 경제를 시장 경제로 빠른 속도로 전환하면서 급속한 경제 성장을 시작했다. 이 과정에서 중국은 위조품의 유통이라는 심각한 부작용을 안게 된다. 위조품 유통이 처음부터 지금처럼 심각한 것은 아니었다. 1980년대까지만 하더라도 빠르게 팽창하는 시장에서 수요에 비해 부족한 공급을 충당하는 수준이었다.

1990년대 들어서 중국이 국내를 넘어 세계 곳곳으로 상품을 수출하면서 상황은 심각해졌다. 공장에서 상품이 쏟아지는 반면에, 그 상품을 포장할 마땅한 상표는 없는 상황에서 이익에 눈이 먼 중국의 기업은 위조를 선택했다. 세계화가 '위조 경제'를 낳은 중요한 원인으로 작용한 것이다.

2000년대 들어서 중국의 위조 경제는 생산, 유통, 판매의 삼박자를 갖추면서 더욱더 진화했다. 특히 이때부터 위조의 대상이 먹을거리로 확대되면서, 이제 위조 경제는 사람의 생명을 위협할 정도에 이르렀다. 멜라민 사태는 세계화가 낳은 중국의 위조 경제가 세계를 위협하는 현실을 보여준다.

세계화가 낳은 위험을 막는 가장 좋은 방법은 바로 세계화 그 자체에 제동을 거는 것이다. 특히 자칫하면 사람의 생명을 앗아갈 먹을거리는 두말할 나위가 없다. 중국의 먹을거리 실상을 돌아보고 나서 중국의 작가 저우칭周勍 씨는 이렇게 경고했다.

"사람들이여, 조심하라!" 🌰

- **『유전자 조작 밥상을 치워라』**(김은진 지음, 도솔 펴냄)

  유럽은 물론이고 일본, 타이완 등 아시아의 이웃 나라에서도 GM 작물의 위험을 둘러싼 논쟁이 활발하다. 이런 흐름에 비춰봤을 때, 한국은 농민운동, 환경운동조차도 GM 작물의 문제점을 부각하는 데 관심이 덜하다. 이 책은 이런 상황에서 외롭게 GM 작물을 둘러싼 문제를 제기해온 저자의 10년간 노력의 산물이다.

- **『중국 식품이 우리 몸을 망친다』**(저우칭 지음, 김형호 옮김, 시공사 펴냄)

  세계를 위협하는 중국산 먹을거리의 실상을 까발린 책이다. 저자는 먹을거리 위험을 은폐하려는 중국 정부, 기업의 견제를 감수하며 2년 이상 중국 전역의 먹을거리 실상을 취재한 내용을 정리했다. 저자는 끔찍한 현실을 고발하고서 이렇게 결론을 내린다. "중국인은 자신도 알지 못하는 사이에 서서히 자멸의 길을 향해 가고 있다."

- **『누가 세계를 약탈하는가』**(반다나 시바 지음, 류지한 옮김, 울력 펴냄)

  소수의 초국적기업들이 자신의 이익과 권력을 위해서 세계의 먹을거리를 통제하는 현실을 고발하는 책이다. 이 책은 이런 '식량 전체주의(food totalitarianism)'에 맞서 '식량 민주주의(food democracy)'의 회복을 주장한다. 3장에 등장하는 이들의 문제의식은 바로 이 책의 관점과 일맥상통한다.

4장

이윤에
굶주린
자들을
굶겨 죽여라

1995년 열린 첫 번째 농민장터에는 농민 7명이 나왔다. 그 다음 주에는 14명이 왔다. '농민장터에 갔더니 좋더라.' 이런 입소문이 돈 것이다. 지금은? 5시간 동안 진행되는 농민장터에 매대만 44개가 설치된다. 매주 약 3,500명이 이곳에서 먹을거리를 구매한다.

캐나다 밴쿠버 농민장터협회 타라 맥도널드 사무총장은 2006년 매출 추이를 한눈에 볼 수 있는 그래프를 보여줬다. 2006년은 1995년부터 시작된 '이스트 밴쿠버 농민장터'의 매출액이 가장 많았던 해다. 5월부터 10월까지 매주 토요일마다 열리는 이 농민장터의 연간 매출액은 120만 캐나다달러(약 13억 원).

지역의 생산자와 소비자가 직접 거래하는 '농민장터'가 최근 미국,

농민장터는 미국, 영국, 캐나다에서 빠르게 성장하고 있다. 미국 버클리 농민장터 모습.

영국, 캐나다 등에서 급성장하고 있다. 2000년 8억 8,800만 달러(약 8,880억 원)였던 미국 농민장터 매출액은 2005년 10억 달러(약 1조 원)를 돌파했다. 1970년대 중반 약 300곳이었던 미국 농민장터는 30년 만에 4,300곳이 되었다.

매주 열리는 시장에는 발 디딜 틈이 없을 정도로 많은 이들이 오가며 장을 본다. 이들은 왜 농민장터에 몰리는 걸까?

농민에게 정당한 몫이 돌아가는 장터

미국 샌프란시스코 페리빌딩^{Ferry}

Building. 한때 연간 5,000만 명 이상이 이용하는 여객선 터미널이었던 이곳에서는 1992년부터 매주 화요일과 토요일, 샌프란시스코에서 가장 큰 농민장터가 열린다. 토요일 하루에만 1만 5,000명이 다녀가는 이 농민장터는 이미 샌프란시스코의 유명한 관광지가 되었다.

이곳에서 20여 종이 넘는 복숭아를 파는 리사 카쉬와즈(40) 씨. 며칠 전 버클리 농민장터에서도 그를 본 터라 반갑게 다가가 인사를 건넸다. 찾아오는 손님에게 복숭아 시식을 권하는 그의 손길이 분주했다. 농장 인근 80곳의 농민장터를 다니면서 복숭아를 팔고 있는 그는 "유기 농업으로 재배한 복숭아의 인기가 아주 좋다"고 자랑했다.

미국 캘리포니아 지역에서 농민장터 보급에 앞장서온 '에콜로지 센터Ecology Center'의 벤 페오드만Ben Feodman 대표는 "이곳에서 파는 먹을거리는 농민이 캘리포니아 지역, 그 중에서도 약 200마일(300킬로미터) 이내에서 직접 기른 것"이라며 "참가를 원하는 농민이 많지만 장터의 규모가 작아서 받아주지 못하는 상황"이라고 설명했다.

페오드만 대표는 "농민장터를 찾는 농민은 사회적 책임을 염두에 두면서 유기 농업처럼 지속 가

캘리포니아에서 남편과 함께 유기농 농장을 경영하고 있는 리사 카쉬와즈 씨.

능한 농업에 다른 농민보다 더 관심을 보인다. 그러나 이들의 일차적인 관심사는 생계를 꾸리는 일"이라고 지적했다. 농민장터가 농민에게 상대적으로 큰 이익을 준다는 얘기다.

페오드만 대표는 "캘리포니아에서도 소농은 시간이 갈수록 어려운 처지로 몰리고 있다. 먹을거리를 대량 생산하는 대농은 유통 과정을 거치면서 줄어드는 농민 몫을 감당할 수 있을지 모르지만 소농은 그렇지 않다"고 설명했다. 그는 "이런 사정 탓에 농민들은 소비자와 직거래를 할 수 있고 더 많은 몫을 챙길 수 있는 농민장터를 찾는다"고 덧붙였다.

농민장터 단골이
늘어날 수밖에 없는 이유

농민장터를 찾는 소비자의 발길도 계속 늘어나고 있다. 맥도널드 총장은 "첫 번째 농민장터가 열린 지 3년이 지나자 조금 먼 지역의 주민이 자신의 거주지 인근에 장터를 열고 싶다고 했다. 그래서 매주 토요일 오전 9시부터 오후 2시까지 두 곳에서 농민장터를 열고 있다"고 말했다.

지역 주민은 농민장터를 유치하기 위해 자체적으로 단체를 조직하기도 한다. 버클리 농민장터는 그렇게 지역 주민들이 나서서 시작된 곳이다. 주민 스스로 유치한 농민장터이다 보니 판매하는 먹을거리 규제도 엄격하다. 버클리 농민장터에는 미국에서는 아주 흔한 GM 작물이 반입될 수 없다.

줄스 프리티 교수는 "농민장터는 농민이 받는 몫을 키워줄 뿐만 아니라 소비자에게도 큰 도움이 된다. 농민장터는 생산자와 소비자가 바로 직거래를 하기 때문에 소비자도 더 싼 가격에 먹을거리를 구입할 수 있다"고 지적했다. 실제로 미국, 영국의 사례 연구는 농민장터의 먹을거리가 대형 할인점보다 더 싸다는 사실을 보여준다.

농민들도 이 점을 잘 알고 있다. 페오드만 대표는 "우리는 언제나 가격을 적절한 수준에서 유지하려고 노력한다. 유기 농업으로 생산된 먹을거리가 아니더라도 더 싸면서 질이 좋은 것을 소비자에게 공급하기 위해서 농민들이 신경을 많이 쓴다"고 설명했다. 싼값에 질 좋은 먹을거리를 구매한 소비자는 결국 농민장터의 단골이 된다.

프리티 교수는 "농민장터는 먹을거리의 생산, 유통, 판매 전 과정을 통제하는 초국적기업이 가져간 몫을 다시 농민이 되찾아오는 가장 훌륭한 방법이다. 또 지역의 농업을 지원할 의도를 가진 시민이 동참할 수 있는 가장 최선의 방법"이라고 농민장터

지역 주민들은 스스로 단체를 꾸려 농민장터를 유치하기도 한다.

의 의의를 설명했다. 제2차 세계대전 이후 초국적기업에게 주도권을 빼앗겼던 농민의 반격이 시작된 것이다.

슈퍼마켓을 탈출한 소비자, 농민과 연대하다

농민장터는 최근 확산되고 있는 지역 먹을거리 운동과 뗄 수 없는 관계다. 2007년 9월 2일 영국 언론 『더 타임스The Times』는 "슈퍼마켓을 탈출하라, 전자레인지를 버려라! 농민장터에서 당신의 먹을거리를 구하라"라는 부제를 단 농민장터 기사를

메릴본 농민장터에서 만난 빌 씨는 방금 산 사과를 아이에게 먹이며 "농약이 걱정된다면 농민장터에 올 필요도 없었을 것"이라고 말했다.

내보냈다. 즉석식품, 냉동식품, 수입 농산물에 질린 도시인에게 농민장터는 지역 먹을거리를 쉽게 구할 수 있는 매력적인 장소다.

농민장터가 단순히 먹을거리를 찾는 공간만은 아니다. 영국 런던농민장터협회에서 소비자를 상대로 설문조사를 한 결과를 보면, 런던 시민은 농민장터를 찾는 첫 번째 이유로 "런던 인근 지역 농민과의 연대"를 꼽았다. "신선하고 질 좋은 먹을거리를 구매할 수 있어서"라는 답은 그 뒤를 이었다.

농민도 마찬가지다. 페오드만 대표는 "처음 농민장터의 목적은 먹을거리 운송에 쓰이는 비용을 줄이고 생산자와 소비자가 직접 만나는 공간을 만들자는 것이었다. 그러나 이제 농민들도 지역에서 생산한 더 질 좋은 먹을거리를 지역사회에 공급한다는 책임의식을 갖게 됐다"고 밝혔다.

영국 런던 메릴본 농민장터에서 만난 로라 빌 씨는 방금 산 사과를 안고 있는 아이에게 바로 먹였다. "농약이 걱정되지 않느냐"고 물었더니 이렇게 답했다. "그런 게 걱정되면 농민장터에 굳이 올 리가 없다. 유기 농업으로 생산된 사과가 확실하다." 그런 사과를 먹고 자란 아이 역시 지역 먹을거리의 든든한 지지자가 될 수밖에 없을 듯했다.

대구의 실험은 끝나지 않았다

2006년 7월 21일, 대구 달서구 대구공업대학 주차장. 평소에는 매연을 내뿜는 자동차만 가득한 공간에 생기가 넘쳐흘렀다. 삼삼오오 장바구니를 든 사람들이 모여든다. 이날 대구에서는 첫 농민장터가 열렸다. 오전 10시부터 오후 6시까지 8시간 동안 열린 이날 농민장터를 찾은 시민은 3,000명. 오후 3시가 되자 준비했던 품목의 3분의 1은 동이 났다.

대구에서는 이날부터 10월 27일까지 약 3개월간 달서구, 북구, 수성구의 4곳에서 번갈아가며 총 10번에 걸쳐 농민장터가 열렸다. 매번 열리는 농민장터를 찾은 시민은 2,000~4,000명. 경상북도 11개 시·군 농민회에서 먹을거리 약 25개 품목을 내놓아 농민장터가 열릴 때마다 2,000~2,500만 원의 매출을 올렸다.

언론의 관심도 뜨거웠다. 대구 문화방송MBC은 농민장터를 직접 주관한 데 이어 농민장터 현장을 오전 11시부터 12시까지 생중계했다. 대구 MBC는 '농업은 생명이다'라는 연중 캠페인을 통해 농업 문제가 지역사회의 관심거리가 될 수 있도록 애를 썼다. 매번 농민장터가 열릴 때마다 많은 시민이 참여한 것은 이런 대구 MBC의 노력 탓이다.

대구의 실험, 10번의 농민장터

이런 대구 농민장터는 농업 문제가 결코 농민만의 것이 아니라는 공감대를 가지고 수년간 공동 대응을 모색해오던 노동운동, 농민운동, 사회운동의 연대가 낳은 결과물이다. 이미 대구에는 학교 급식에 지역에서 생산된 먹을거리를 공급하자는 운동이 전국적으로 진행되던 2004년부터 좀 더 진전된 움직임이 있었다.

2004년 10월 민주노동조합총연맹 대구본부의 노동자 2만 5,000명은 "사내 급식에 반드시 우리 쌀을 이용할 것을 노사 간 단체협약으로 체결하겠다"고 밝혔다. 쌀 시장 개방을 놓고 논란이 한창이던 당시 노동자들이 지역 농민과 연대할 수 있는 구체적인 방법을 제시한 것이다.

이런 움직임은 결국 2006년 5월 대구 지역의 노동운동, 농민운동, 생태·환경운동 등이 공동으로 지역 농업 지키기에 나서는 선언으로 이어진다. 이들은 지역에서 생산된 먹을거리가 지역에서 유통·소비되는 지역 먹을거리 운동을 대구부터 시작하기로 했다. 그 첫 성과가 바로 농민장터다.

하지만 이렇게 시작된 농민장터는 열 번을 끝으로 더 이상 이어지지 않고 있다. 2006년 10월 27일 마지막 농민장터가 열리는 날 민주노총 대구본부, 전국교직원노동조합 대구지부, 전국농민회총연맹 경북지부 등이 지역 먹을거리를 직거래하기로 협약을 맺었지만, 그뿐이다. 아직 현실화되지 않고 있다. 도대체 무엇이 문제였을까?

지속 가능한 구조를 만들어라

"지속 불가능한 구조였다." 김병혁 농업자치연대 사무국장은 2006년
의 실험이 계속 이어지지 못한 이유를 한 마디로 설명했다. 농민장터를
비롯한 지역 먹을거리 체계를 꾸리는 데 나섰던 사람은 김 국장을 포
함한 두 사람이었다. 이들은 농민장터에 먹을거리를 내놓을 농민을 섭
외하는 것부터 농민장터를 운영하는 것까지 모든 일을 도맡아 했다.

농민장터는 매번 열릴 때마다 매출의 2퍼센트를 사무국의 몫으로 뗐
다. 농민장터가 열릴 때의 매출이 2,000~2,500만 원 선이었으니 사무
국으로 고작 40~50만 원이 떨어지는 셈이다. 이것은 두 사람의 인건비
는커녕 경북 전역을 돌아다니는 교통비로도 모자라는 금액이었다.

영국의 농민장터는 이와 대조적이다. 영국의 농민장터는 하루 매출
의 약 10퍼센트를 운영비로 낸다. 예를 들어 한 농민이 농민장터에 매
대를 설치해 하루 150파운드(약 30만 원)의 매출을 올렸다면 10~15파
운드(약 2만~3만 원)를 내야 한다. 하루 1,500파운드(약 300만 원)의 매
출을 올렸다면 그 비율은 5퍼센트 선으로 떨어져 80~90파운드(16~18
만 원)를 내면 된다.

영국농민장터협회의 셰릴 코언 씨는 "농민의 신고에 기댄다는 한계
가 있지만 실제와 큰 차이가 나지 않을 것이다. 이렇게 마련된 운영비
는 사무국의 살림을 꾸리고, 농민장터를 열 공간을 빌리는 일 등에 사
용된다"고 지적했다. 영국의 농민장터는 대개 지방 정부 소유의 주차

장, 학교 운동장 등에 소정의 대가를 지불하고 빌린다.

정부로부터 독립하라

김병혁 국장은 "대구시의 비협조적인 자세도 농민장터가 열리는 내내 장애물이었다"고 지적했다. 김 국장은 "장소를 구하는 게 어렵다 보니 애초 계획과는 상관없이 구해지는 장소에 맞춰서 농민장터가 진행됐다"고 설명했다. 농민장터는 10번 열리는 동안 달서구, 북구, 수성구의 4곳을 전전했다.

김 국장은 "이런 대구시의 태도는 경북도와 몹시 대조적이다. 경북도는 처음부터 끝까지 농민장터에 관심을 기울이면서 지원을 아끼지 않았다"면서 "대구시가 농업 문제가 단순히 농민의 문제가 아니라 대구 시민의 먹을거리 문제와 직결된다는 사실을 인식했다면 이렇게 무관심하지는 않았을 것"이라고 대구시의 태도를 비판했다.

코언 씨의 생각은 김병혁 국장과 달랐다. 코언 씨는 "농민장터는 가능하면 정부와 관계를 맺지 않고 독립적으로 존재해야 한다"고 주장했다. 그는 "정부는 변덕쟁이라서 언제든지 농민장터에 대한 지원을 끊을 수 있다. 농민장터가 정부 정책에 좌지우지되지 않고 지속 가능하려면 애초 중앙, 지방 정부의 지원을 받으려는 기대를 버려야 한다"고 덧붙였다.

또한 "바로 이런 시정 때문에 농민장터는 새정적으로 자립할 수 있는 토대를 마련해야 한다. 농민장터에서 수익을 내는 농민도 이 점을 잘 알고 있기 때문에 매출의 적지 않은 비율을 운영비로 내는 것"이라고 주장했다. 지역 먹을거리에 우호적인 런던시가 있음에도 굳이 대가를 지불하며 공간을 대여하는 것도 이런 사정 때문이다.

다양성을 유지하라

대구에서 농민장터가 10차례 열리는 동안 먹을거리 품목의 종수가 많지 못한 점도 계속 문제가 됐다. 농민장터 실무를 담당했던 조동현 씨는 "경북 11곳 시·군 농민회에서 가져오는 품목이 중복되는 게 많아서 생산자, 소비자 양쪽에서 불만이 나왔다"고 말했다. 시·군마다 같은 품목의 농사를 짓다 보니 발생한 일이다.

　조 씨는 "똑같이 고추를 가져왔는데 농민장터에서 한 지역의 고추만

농민장터 성공 비결 중 하나는 다양성을 유지하는 것이다.

잘 팔리면 당장 다른 지역의 농민들이 불평을 했다. 시민은 시민대로 대형 할인점처럼 품목이 다양하지 않아서 농민장터를 찾았다가 발걸음을 돌리는 일이 있었다"고 설명했다. 그리고 "앞으로 농민장터가 계속 시민의 호응을 얻으려면 꼭 극복해야 할 문제점"이라고 덧붙였다.

영국의 농민장터는 이 문제를 어떻게 해결할까? 코언 씨는 "현재 런던농민장터협회에는 160명의 농민이 등록돼 있고 200명이 대기 명단에 있다. 이를 토대로 각 지역에서 열리는 농민장터마다 품목이 30가지 정도가 유지되도록 조정을 한다"고 설명했다. 이런 조정을 통해 런던 시민은 농민장터에서 항상 약 30가지의 계절 먹을거리를 구매할 수 있다.

물론 런던에서 열리는 농민장터에서도 같은 품목의 먹을거리가 동시에 경쟁하는 경우가 많다. 코언 씨는 "장터에서 같은 품목이 경쟁하는 것은 지극히 자연스러운 일이다. 이런 경쟁을 통해 농민은 먹을거리의 질을 높이고, 시민에게 신뢰를 얻을 수 있게끔 홍보하는 기술을 익혀야겠다는 자극을 받는다"고 설명했다.

단골을 만들어라

대구 농민장터의 또 다른 문제는 수량 조절의 어려움이었다. 김병혁 국장은 "도대체 각 품목마다 얼마나 나갈지 알 수가 없어서 난감했던 경우가 한두 번이 아니었다"고 말했다. 7월 21일 첫 농민장터가 열렸을 때는 5시간 만에 준비한 품목의 3분의 1이 동이 났다. 그러나 정작 8월 4일 열린 농민장터에서는 더운 날씨 탓이었는지 품목이 많이 남았다.

김 국장은 "며칠 뒤인 8월 18일 열린 농민장터에서는 불과 2시간 만에 대부분의 품목이 동이 나는 일이 벌어졌다. 이런 상황이 반복되다 보니 어떤 기준으로 수량을 맞춰야 할지 정하는 게 어려운 문제였다"고 지적했다. 특히 과일, 채소는 남을 경우 폐기할 수밖에 없어서 수량 조절이 더 큰 문제였다.

수량 조절의 어려움은 영국, 미국, 캐나다의 농민장터 역시 마찬가지였다. 영국 메릴본 농민장터에서 양고기를 파는 이안 베스트(40) 씨는 "농민장터에 여러 번 먹을거리를 내놓으면서 수량을 적절히 조절하고 있지만, 지금도 절반 정도 팔지 못한 채 가지고 갈 때가 있다"고 밝혔다. 이런 사정은 다른 매대의 농민도 비슷했다.

메릴본 농민장터 코디네이터를 맡고 있는 엘리자베스 엘리엇(27) 씨는 "단골이 생기면 농민은 매주 열리는 농민장터에서 단골들이 구입하는 기본 수량을 짐작할 수 있기 때문에 수량 조절에 좀 더 도움이 된다"고 설명했다. 농민장터를 매개로 생산자와 소비자의 중·장기적인 관계가 마련되면 최소한 준비한 먹을거리가 남아서 가져가는 일은 막을 수 있다는 것이다.

대구의 실험은 계속된다

여러 가지 한계에도 불구하고 대구 농민장터는 적지 않은 성과를 남겼다. 조동현 씨는 "농민장터에 와본 시민들이 품질, 가격에 만족하면서 농민장터가 계속됐으면 하는 바람을 표현했다. 좀 더 안전하고 질 좋은 먹을거리를 구하려는 욕심이 자연스럽게 지역의 농업 문제에 대한 관심으로 이어지는 계기를 마련한 것도 큰 성과"라고 지적했다.

　김병혁 국장은 "10차례의 농민장터가 열리는 과정에서 한미 자유무역협정FTA의 문제점을 알리는 홍보 활동을 계속했다. 농민장터가 지역 먹을거리를 생산자와 소비자가 직거래하는 공간을 넘어서서 농업과 관련된 다양한 정치·사회 현안을 토론하는 공간이 될 수 있는 가능성을 보여준 것"이라고 설명했다.

　김 국장은 "거리 한복판에서 농업 문제에 관심을 가져달라고 외치는 것보다 이런 농민장터가 열리는 공간에서 농업 문제를 알리는 게 훨씬 더 효과적"이라고 지적했다. 실제로 외국에서도 농민은 지역 먹을거리 직거래 과정을 통해 농업을 둘러싼 다양한 정치·사회·경제·문화 의제를 소비자에게 알린다.

　대구는 2006년 이후 농민장터 실험을 계속하지 못하고 있지만, 전국 곳곳의 시·군에서 대구 농민장터를 염두에 두고 농민장터 실험을 준비 중이다. 2006년 대구의 실험이 농민장터의 존재를 알리는 것이었다면, 앞으로의 실험은 농민장터의 정상적인 운영이 목적이다. 실험은 다시 시작되었다.

이마트에서 지역 먹을거리를?

이마트 같은 대형 할인점에서 지역 먹을거리를 취급한다면 농민에게 큰 도움이 되지 않을까요?

전라북도 완주군의 한 농민과 지역 먹을거리를 놓고 이야기를 나누다 들은 얘기다. 지역에 있는 대형 할인점에서 지역 먹을거리를 취급하면 지역 농민과 지역 시민 모두 이익을 얻으리라는 지적이다. 지역 농민은 대형 할인점이라는 새로운 판로를 개척할 수 있고, 지역 시민은 대형 할인점에 가서 지역 먹을거리를 구입하면 된다.

이런 일은 실제로 미국 등에서 진행 중이다. 미국의 대기업 시스코는 기업, 병원, 학교, 호텔 등에 먹을거리를 공급한다. 이 기업은 수년 전부터 지역의 농가에서 지역 먹을거리를 사들여 해당 지역의 소비자에게 공급하고 있다. 시민들이 지역 먹을거리를 선호하자 시스코가 발 빠르게 대응한 것이다.

시스코뿐만이 아니다. 미국 북서부 지역에 수십 곳의 패스트푸드 매장을 보유한 버거빌, 즉 맥도날드에서 파는 나쁜 먹을거리와 똑같은 즉석식품을 파는 기업도 워싱턴 주 등 인근 지역의 농민으로부터 재료를 구매한다. 월마트 같은 초국적기업이 지역 먹을거리 매대를 설치하고 소비자를 유혹할 일도 멀지 않았다.

한국에서도 이런 일이 진행 중이다. 경상남도는 대기업 CJ의 단체 급식 사업을 담당하는 CJ프레시웨이와 손을 잡고 지역 먹을거리를 학교 급식에 공급하는 사업을 추진할 예정이다. 경남에서 생산한 지역 먹을거리를 CJ프레시웨이를 통해서 가공·유통해 학교 급식에 공급하겠다는 것이다.

그렇다면 이들과 거래하는 지역 농민은 예전보다 더 행복할까? 현실은 정반대다. 미국 지역사회먹을거리보장연대 마크 윈 홍보국장은 이렇게 폭로한다.

실상을 들여다보면 시스코에 먹을거리를 공급하는 농민은 전혀 존중을 받지 못하고 있다. 지역 농민이 시스코에 의존하면서 단가 후려치기와 같은 전형적인 대기업의 횡포가 심해졌다.

결국 농민은 또다시 대기업에 종속된 신세로 전락했다. 윈 국장은 "유기 농업으로 재배된 먹을거리가 결국 몇몇 대기업에 포섭된 것처럼 지역 먹을거리도 언제든지 똑같은 전철을 밟을 수 있다. 지금 필요한 것은 대기업에 의존하는 것이 아니라 지역의 생산자와 소비자를 연결해줄 독립적인 가공·유통 경로를 만드는 것"이라고 강조했다.

우리는 앞에서 살펴본 농민장터에 이어서 이렇게 지역의 생산자와 소비자를 연결해주는 세계 각국의 실험을 소개할 것이다. 공동체 지원 농업Community Supported Agriculture·CSA(5장) 생활협동조합(6장) 등이 그것이다. 또 대기업 대신 기존의 도매 시장을 활용해 지역 먹을거리를 공급하려는 런던의 실험도 살펴본다(9장). 🍎

"지역 먹을거리(파란색)가 유기 농업 먹을거리(연두색)와 함께 안내되어 있는 캐나다 한 슈퍼마켓 안내판.

·······································

- **『희망의 경계』**(프란시스 무어 라페 · 안나 라페 지음, 신경아 옮김, 시울 펴냄)

  먹을거리를 둘러싼 싸움에서 벼랑 끝까지 밀린 사람들이 세계 곳곳
  에서 어떻게 새로운 희망을 만들고 있는지를 생생히 전달한다. 특히
  삶과 죽음의 경계에서 아슬아슬하게 줄타기를 하는 남아메리카 브라
  질, 아프리카 케냐 농민의 희망 찾기는 지금 이곳에서도 또 다른 희
  망을 찾는 게 가능하다는 확신을 심어준다.

- **『땅의 옹호』**(김종철 지음, 녹색평론사 펴냄)

  농민장터에 나오는 시민들은 한목소리로 이렇게 강조한다. "지역의
  농민을 살려야 한다." 이런 반응이 당혹스럽다면, 그리고 꼬리에 꼬
  리를 무는 다음 질문들의 답을 찾고 싶다면 꼭 읽어야 할 책이다. 왜
  농업을 포기해서는 안 되는가? 소농이 왜 민주주의의 근간인가? 파
  국으로 치닫는 현대 문명의 대안이 왜 농촌 공동체인가?

5장

모두를 살리는 '직거래의 지혜'

프랑스 남부 마르세유에 사는 캐롤린 나로(36) 씨는 두 아들을 둔 주부이자 학교 교사다. 바쁜 생활 속에서도 그는 일주일에 한 번씩 학교 안에서 열리는 '직거래 교류터'에 나가는 게 큰 기쁨이다. 마르세유 인근 지역 농민이 직접 가져다 놓은 유기 농업 제철 채소, 과일 등을 얻을 수 있기 때문이다.

나로 씨가 이 직거래에 참여하는 데 6개월에 한 번씩 지불하는 돈은 325유로(약 60만 원). 일주일에 약 13유로(2만 5,000원)어치의 장을 보는 셈이다. 그는 "유기 농업 먹을거리를 먹은 지 이십 년이 다 돼간다. 대형 할인 매장은 물론 다른 어떤 가게보다 이곳에서 이뤄지는 생산자와의 직거래가 가장 저렴하다"고 말했다.

나로 씨의 즐거움은 이뿐만이 아니다. 직거래에 참여하는 마을 주민과 함께 생산자 농장을 정기적으로 방문해 먹을거리의 안전성을 언제든지 확인할 수 있다. 농장 방문은 다섯 살, 세 살배기 그의 아이들이 가장 좋아하는 나들이다. 그는 "얼마 전 양고기를 공급하는 농부가 농장에서 직접 가르쳐주는 '양고기 요리법'을 배워 왔다"며 함박웃음을 지었다.

18년간 농사를 지어온 제롬 라플랜 (42) 씨는 마르세유에서 20킬로미터가량 떨어진 마을에 사는 마르세유 토박이 농부다. 달걀, 채소를 생산하는 그의 농장에는 일주일에 한 번씩 반가운 손님이 찾아온다. 직거래를 통해 그의 달걀과 채소를 구입해온 인근 지역의 소비자들이다. 그의 얘기를 들어보자.

7년 전 소비자와 직거래를 시작한 후 일상이 완전히 바뀌었다. 예전에는 일주일에 다섯 지역을 돌아다녀도 생산물을 다 팔지 못하는 일이 많았다. 그러나 이제는 일주일에 한 번, 직거래 교류터에 농산물을 가져다 놓기만 하면 된

프랑스 마르세유 지역에 사는 캐롤린 나로 씨(위)와 제롬 라플랜 씨(아래)는 직거래가 자신들의 일상을 바꿨다고 말했다.

다. 물론, 이것은 내가 겪은 여러 변화 중 하나에 불과하다.

회원제로 운영되는 이 직거래는 라플랜 씨의 큰 근심거리를 없앴다. 그는 "늘 빚을 내 농사를 짓고, 농산물이 안 팔리면 어쩌나 걱정했는데, 소비자들이 생산에 들어가는 비용을 미리 지불하기 때문에 이젠 그런 걱정을 하지 않아도 된다"고 말했다. 이렇게 여유를 되찾은 그의 최근 가장 큰 관심사는 유기 농업이 더 잘 이뤄지도록 양계장 환경을 개선하는 것이다.

좋은 먹을거리 어디서 사지? 우리가 찾으면 되지!

나로 씨와 라플랜 씨의 생활을 바꾼 회원제 직거래를 시작한 단체는 '아맙AMAP'이다. 프랑스어로 '농업과 농민을 지키는 연대Association pour le Maintien d'une Agriculture Paysanne'의 약자인 아맙은 2001년 마르세유에서 처음 시작해 순식간에 프랑스 전역으로 퍼졌다. 2008년을 기준으로 프랑스 내 250개 지역에 '아맙'이 자리를 잡았다.

2008년 11월 초 방문한 마르세유에서는 마침 이 지역 아맙이 주최한 토론회가 있었다. '프로방스 지역 소농의 회복'을 주제로 열린 이날 토론회에는 토요일인데도 아맙 회원 및 지역 주민 50여 명이 참여해 4시간 가까이 열띤 논쟁을 벌였다. 토론이 끝난 뒤에는 농민들이 직접 가지고 온 포도주와 음식으로 작은 파티가 이어졌다.

데니스 카렐 프로방스지역연합 공동대표.

이곳에서 아맙 운동을 이끈 '프로방스지역연합 Alliance Provence'의 데니스 카렐 Denis Carel 공동대표를 만났다. 그는 "마르세유는 30년 전까지만 해도 굉장한 농업 지역이었다. 그러나 도시화가 급속하게 진행되면서 거의 모든 농업 지대가 없어졌다"고 아맙의 설립 배경을 설명했다.

프로방스지역연합의 모태는 1989년부터 이어져온 지역단체와 유기 농업을 하는 농민들의 작은 회의체였다. 지역 현안을 논의하던 이 모임은 1999년 조제 보베 비아캄페시나 대변인을 비롯한 프랑스농민연합 회원들의 '맥도날드 타격 투쟁'에 자극받아 지역 농민과 소비자를 이어주는 회원제 직거래를 고안하게 됐다.

카렐 대표는 "거의 모든 프랑스인들이 GM 작물이나 기업 농업이 좋지 않다는 걸 알지만, 막상 소비자가 '좋은 먹을거리는 어디서 찾지?'라는 의문을 가졌을 때, 그들이 할 수 있는 일이 거의 없다"고 지적했다. 그는 "이 중요한 문제의 해결책으로 누군가가 회의에서 직거래를 제안했고, 그 자리에 있던 모두가 찬성했다"고 회고했다.

아맙 파리 사무소에서 일하고 있는 샤디아 라얀 Shah-Dia Rayan 씨는 "2000년 당시 프랑스에서는 GMO, 광우병 등 먹을거리에 대한 관심이 폭발적이었다. 아맙의 활동은 그런 사회적 분위기가 기폭제가 돼 번져

나갔다"고 설명했다. 그는 "현재 아맙 회원 중에는 30대가 많다. 아이를 갖고 또 키우기 시작하는 부모들이 많이 가입하고 있다"고 말했다.

시작부터 끝까지, 소비자·생산자가 결정한다

4장에서 소개한 농민장터와 비교했을 때, 아맙의 가장 큰 특징은 무엇일까? 라얀 씨는 "소비자와 생산자가 직접 만나서 어떤 먹을거리를 얼마나 생산할지 논의해서 나름의 방식을 만들고, 문제를 해결하는 과정을 무엇보다 가장 중요하게 여긴다"고 강조했다.

아맙의 활동은 철저하게 소비자·생산자의 자발적인 만남으로 이뤄진다. 아맙에 참여하려는 시민은 자신의 동네에서 운영되고 있는 아맙 조직과 상의해, 생산자로부터 공동 구매를 할 다른 이웃을 모아야 한다. 이렇게 만들어진 그룹에는 지역마다 적게는 다섯 가구부터 수백 가구씩 참여하고 있다.

이들은 자신과 직거래를 할 농민도 직접 찾는다. 대개는 이미 아맙에 참여를 신청한 농민과 연결이 되지만, 시민이 지역 내에서 거래를 원하는 농민과 직접 연락해 거래를 성사시킬 수도 있다. 물론 그 농민이 직거래에 찬성하면 아맙에 참여하는 농민으로 등록된다.

지난 2003년부터 아맙 회원으로 활동해온 나로 씨는 "농민을 찾아갈 때는 납품이 어느 정도 가능한지, 적절한 소득을 위해서 우리가 얼마만큼 구매해야 하는지, 가격은 어떠해야 하는지를 꼼꼼히 물어본다.

아맙의 직거래는 '바구니' 단위로 이뤄진다(위). 소비자는 미리 농산물 값을 농민에게 지불하고, 정기적으로 열리는 직거래 교류터에서 농산물을 가져간다(아래).

또 이미 아맙에 가입한 농민을 찾아가 우리가 필요한 농산물을 파는 농민을 소개해줄 수 있는지 물어보기도 한다"고 말했다.

그렇게 직거래가 형성되면 소비자는 6개월 또는 1년 단위로 미리 자신이 구매할 농산물의 값을 농민에게 지불한다. 단위는 '바구니Panier'로 표현되며, 한 바구니의 가격은 소비자 그룹과 생산자의 협의를 통해 정해진다. 각 그룹과 생산자의 사정에 따라 6개월치 금액이 한꺼번에 지불되거나 1개월 또는 2개월 단위로 나누어 지불되기도 한다.

이렇게 한번 직거래가 형성되면 농민과 소비자는 일주일에 한 번씩 열리는 교류터에서 만난다. 소비자들이 자체적으로 정하는 교류터는 그룹에 따라 접근이 편리한 동네 학교, 길거리, 공터, 식당 등 지역 내 다양한 곳에 마련된다. 운영은 자원 활동으로 이뤄지며 그룹 내에서 돌아가며 맡는다. 만약 농민에게 교류터가 너무 멀어 부담이 될 경우, 소비자들은 순서를 정해 농장을 직접 찾아가기도 한다.

소비자들은 바구니를 기준으로 나뉘어 있는 농산물을 집어 온다. 라얀 씨는 "예를 들어 토마토 1킬로그램에 얼마라는 시가가 적용되는 것이 아니라, 소비자와 생산자가 상의를 해서 가격을 정한다. 대개 일반 대형 할인점과는 비슷하고, 유기 농업 상점보다는 저렴한 정도"라고 말했다.

좋은 것은 나누면
배가 된다는 진리

농민 라플랜 씨는 "2001년에 처음 한 아맙 회원이 찾아와 직거래를 하자고 제안했을 때 조금 무서웠던 게 사실"이라며 웃었다. 그는 "과연 성공할 수 있을지 반신반의했지만, 그 그룹은 이미 26가구나 모여 있어서 용기를 내서 시작했다"고 말했다. 이제 라플랜 씨는 각각 50~60가구씩 모여 있는 두 개의 아맙 그룹에 달걀과 채소를 매주 화요일마다 제공한다.

유기 농업으로 재배하는 그의 달걀은 다른 그룹에서도 주문이 들어올 정도로 인기가 좋다. 그렇지만 그는 자신이 감당할 수 있는 것 이상으로 농장의 규모를 키울 생각은 없다. 라플랜 씨는 "찾아오는 소비자가 있으면, 옆집 농가에 소개를 해준다. 이웃하고 관계도 좋아지고, 소비자에게도 득이 된다"며 또 한 번 웃었다.

라플랜 씨는 이제 소비자 '친구'들과 함께 휴가를 갈 정도로 돈독한 관계를 가꿔나가고 있다. 그는 "농장을 찾아오는 소비자들이 귀찮기는 커녕 '참 대단하다', '맛있다'고 치하하면서 노력을 알아주면 기운이 난다. 그러다 보니 개인적으로 친해져서 여름휴가를 같이 가는 친구도 있다"고 말했다.

마르세유 지역에서 '아맙의 전도사'로 잘 알려진 나로 씨는 "아맙의 회원이 된 뒤 가족들이 훨씬 더 건강해졌다"며 뿌듯해했다. 그는 "대형 할인점의 관행 농업 먹을거리와 비교하면 조금 비싸서 손해를 본다고 느낄 수도 있지만, 결과적으로 가족이 건강해지면서 의료비가 나갈 일이 없기 때문에 재정적으로도 훨씬 이득"이라고 설명했다.

나로 씨는 "한 달에 한 번씩 생산자가 보내주는 보고서도 믿음이 간다. 만약 수확량이 적었다면 왜 그렇게 됐는지 꼼꼼히 알려준다"고 말했

아맙의 원동력은 소비자와 생산자가 지속적으로 만나고 토론하는 소통의 힘이다.

다. 그는 "아맙의 모든 회원이 나처럼 열성적인 팬이 되지는 않지만, 오래할수록 좋아하는 사람이 늘어난다. 또 이렇게 토론회와 같은 각종 모임을 통해 생각이 맞는 좋은 사람을 만나는 것도 기쁨"이라고 덧붙였다.

그룹별 활동으로 유지되는 아맙에서 갈등이 없는 것은 아니다. 카렐 대표는 "때로는 정말로 심각한 논쟁이 벌어지기도 한다. 스스로 문제를 해결하는 게 가장 큰 원칙이지만, 계속 갈등이 해결되지 않으면 18개 항으로 구성된 아맙 원칙이 해결의 기준이 된다"고 소개했다.

이 원칙을 보면, △생산자는 자연, 환경 등을 존중하는 생산양식을 지킨다, △화학 비료 과다 사용, 농약 사용을 금지한다, △소비자는 지역 농가에 집중한다, △생산자와 소비자 간 어떤 중계자도 들어갈 수 없다, △생산이 이뤄지는 곳에서 연대가 생겨야 한다 등의 조항이 포함되어 있다.

아맙 원칙

1 농가에서 생산과 관계된 일의 책임은 생산자에게 있다.

2 인도적인 생산양식을 지킨다.

3 자연과 환경 등을 존중하는 생산양식을 지킨다. 다양한 유기 농업 재배 방법을 고안해 비옥한 땅을 지키고, 화학 비료, 농약 등을 금지한다.

4 맛있는 양질의 농산물을 위생적, 환경적으로 재배한다.

5 소비자는 그 지역 농가에 집중한다.

6 모든 지역 회원들의 활동은 지속 가능한 농가를 지원하고 (생산자와 소비자

간의) 튼튼한 관계를 구축하기 위한 것이다.

7 생산에 필요한 모든 노동자에 대해 사회적 법규를 존중하면서 고용한다.

8 모든 농가의 농산물을 판매하고 유통하고 소비할 수 있도록 계속 연구한다.

9 생산자는 독립적이어야 한다.

10 생산자와 소비자가 가까워져야 한다. 이것은 생산자와 소비자의 거래 과정을 가장 짧게 하는 것을 원칙으로 한다.

11 개별 아맙의 구성은 해당 지역의 생산자와 소비자로 이뤄져 있어야 한다.

12 계절마다 소비자와 생산자 간의 계약서가 다시 만들어지고 이것이 존중되어야 한다.

13 생산자와 소비자 간에 어떤 중계자도 들어갈 수 없다. 이미 구입된 농산물을 다시 파는 행위는 소비자의 동의 없이 이뤄질 수 없다.

14 각 계절에 맞게 합리적인 가격을 정해야 한다.

15 소비자는 그들이 먹는 농산물에 대해 자주 정보를 제공받을 수 있어야 한다.

16 생산이 이뤄지는 곳에서 연대가 생겨야 한다.

17 아맙의 소비자들은 활발한 참여와 구성원 모두에 대한 존중의 의무를 지닌다.

18 아맙의 소비자는 농가의 특성에 맞게 움직이고 융통성 있게 움직여야 한다.

지역사회를 살리면, 다른 세계까지 살릴 수 있다

파리 아맙의 라얀 씨는 "아맙이 널

리 알려지면서 가입을 원하는 소비자가 많아졌지만, 생산자를 찾을 수 없어 직거래를 하지 못하는 경우가 종종 발생한다"고 귀띔했다. 그는 "이미 참여하는 생산자들이 재배량을 늘리고 싶어도 파리, 마르세유 같은 대도시 인근은 땅값이 비싸서 현실적으로 어렵다"고 덧붙였다. 전통적으로 농업을 해온 가족농이나 소농에게 갈수록 비싸지는 땅값은 농사를 늘려 짓거나 적절한 수입을 유지하는 데 어려움을 준다.

라얀 씨는 "프랑스의 소농과 후진국의 소농이 겪고 있는 문제는 기본적으로 같다. 수출을 지향하는 기업농은 프랑스와 후진국의 소농 모두를 죽인다"고 지적했다. 그는 "아맙의 운동은 우리만 잘 먹고 잘 살자는 것이 아니라 소농과 지역사회를 살림으로써 결국 다른 국가의 지역사회까지 살릴 수 있다는 의미가 있다"고 강조했다.

카렐 대표도 아맙의 철학을 묻는 질문에 그 이름 자체가 가진 의미처럼 "전 세계 소농을 살리는 데 있다"고 강조했다. 그는 "프랑스 내에서 소농에 대한 관심은 1990년대 프랑스농민연맹이 벌인 활동 이후 한동안 주춤했던 게 사실이다. 그러나 멕시코 WTO 각료회의 반대 시위에서 자결한 이경해 열사는 다시 활발한 활동이 전개되는 데 큰 영향을 끼쳤다"고 말했다.

그때 옆에 있던 나로 씨가 아맙의 정신을 한마디로 정의해주겠다며 나섰다.

아맙의 철학? 간단하다. 나와 가족의 건강을 지키고, 농민을 지키고, 우리 지역을 지키고, 나아가 이 지구를 지키는 길을 찾자. 그리고 그 길을 찾는 맨 앞에 한 사람, 한 사람 시민이 있다.

직거래에는 '시장' 대신 '민주주의'가 있다

빠른 성장을 자랑하는 아맙은 프랑스는 물론 다른 국가에서도 주목받고 있다. 그러나 이런 아맙의 '형님'이 따로 있었다. 카렐 대표도 "먹을거리를 고민하는 모임에서 누군가가 외국 사례를 소개했다. 아맙은 사실 외국 사례를 본뜬 것"이라고 귀띔했다. 이제 미국으로 눈을 돌려보자.

2007년 6월 방문한 미국 캘리포니아주립대학 산타크루즈 캠퍼스UC Santa Cruz. 햇살이 따가운 더운 여름철 오후, 대학 농장 한 곳에 있는 작은 나무 오두막이 눈에 띄었다. 이곳에 앉아 책을 보던 스테파니 로젠바움Stephanie Rosenbaum 씨가 활짝 웃으며 일행을 맞았다.

로젠바움 씨는 이 학교에 개설된 유기 농업을 가르치는 한 기관Center for Agroecology & Sustainable Food System·CASFS의 수강생이다. 그는 40여 명의 다른 수강생과 함께 약 10헥타르 규모의 대학 농장과 약 1헥타르의 대학 정원에서 유기 농업의 이론과 실습을 병행한다.

로젠바움 씨를 비롯한 수강생들은 그렇게 수확한 채소, 과일, 꽃 등

캘리포니아주립대학 산타크루즈 캠퍼스에서 만난 스테파니 로젠바움 씨.
그가 기른 채소와 과일은 '공동체 지원 농업'을 통해 거래된다.

의 농산물을 지역 주민들에게 내놓는다. 단순히 파는 것이 아니다. 물론 월마트와 같은 대형 할인점이나 도매상을 통하지도 않는다. 그들은 '공동체 지원 농업Community Supported Agriculture · CSA'을 통해서 주민과 만난다.

공동체 지원 농업 프로그램의 기본 구조는 아맙과 비슷하다. 회원들은 1주일 평균 10~30달러씩의 돈을 내고, 교류터에 와서 농산물을 가져간다. 상황에 따라 배달도 가능하다. 농사를 짓기 전, 생산자와 소비자가 상의를 해 미리 한 해 농사에 드는 비용을 생산자가 지불한다. 수확한 농산물은 상황에 맞춰 분배량을 정한다.

산타크루즈 캠퍼스에서 처음 공동체 지원 농업 프로그램을 시범적으로 시작한 때는 1995년이었다. 처음에는 인근에 사는 열여섯 가구

주민이 참여했다. 일 년 만에 입소문만으로 회원 수가 60가구로 늘었다. 지금은 100여 가구가 회원으로 참여하고 있다. 가입 순서를 기다리는 주민도 꽤 된다.

로젠바움 씨는 "유기 농업을 가르치는 산타크루즈 대학 농장에서 수확한 농산물은 모두 유기 농업 먹을거리여서 매우 인기가 높다. 회원 가입을 원하는 주민의 숫자는 많지만, 산타크루즈 대학 농장에서 생산하는 수확량에 한계가 있기 때문에 대기하는 주민이 제법 있다"고 설명했다.

산타크루즈 캠퍼스 안의 작은 오두막은 일주일에 한 번씩 생산자인 학생과 소비자인 주민이 만나는 교류터로 활용된다.

산타크루즈 캠퍼스 공동체 지원 농업 프로그램의 교류터는 로젠바움 씨가 있던 오두막이었다. 마침 일주일에 한 번 농산물을 나눠주는 이날 당번을 맡고 있던 그는 '오늘 나온 채소' 목록을 손수 교류터 칠판에 적어놓았다. 그는 "내가 수확한 농산물을 칭찬하며 다녀가는 주민들을 만나면 농사지을 때의 고생은 어느새 잊어버리게 된다"고 말했다.

이 대학 공동체 지원 농업 프로그램에 참여하는 회원은 단순히 먹을거리만 가져가지 않는다. 대학 농장에 와서 수강생들과 함께 유기 농업을 배우고, 또 각자 먹을거리를 가져와 파티를 열기도 한다. 회원들은 일주일에 한 번씩 보내는 소식지를 통해 대학 농장에서 일어나는 일들을 알 수 있다.

'공동체 지원 농업 프로그램'의 소비자는 직접 농가를 방문해 일손을 거들 수도 있다.

이 같은 공동체 지원 농업 프로그램은 1980년대 중반부터 미국에서 시작되었다. 이제 미국 전역에서 1,000여 곳이 넘는 농장이 이 프로그램에 참여하고 있다. 캐나다까지 염두에 두면 북아메리카에서 적어도 1,300여 개 농장이 이 프로그램에 참여하고, 조직은 3,000개 가까이 된다. 북아메리카 지역뿐만 아니라 영국에도 200여 개의 조직이 있다.

이 공동체 지원 농업 프로그램의 형태는 지역에 따라 다양하다. 그러나 농민과 소비자가 상의해 가격을 정하고, 미리 소비자가 이를 지불한 뒤, 수확 철에 양질의 먹을거리를 정기적으로 공급받는 기본 골격은 같다. 이 과정에서 소비자가 직접 농가를 방문해 먹을거리의 생산·가공 과정을 지켜보고 경우에 따라서는 일손을 거들 수도 있다.

20년 넘는 세월 동안 미국 전역으로 확산된 공동체 지원 농업 프로그램은 최근 또 다른 모습으로 변하고 있다. 이 프로그램의 상당수는 가난한 사람도 참여할 수 있도록 소득에 따라 더 낮은 가격을 제시한다. 어떤 프로그램은 아예 먹을거리의 일부를 지역의 굶주리는 가난한 사람, 복지 시설 등에 기부한다. 다음 세대를 위해 지역의 학교에 양질의 지역 먹을거리를 싼값에 공급하는 역할도 맡는다.

이런 움직임에 중앙 정부, 지방 정부가 가세하면 공동체 지원 농업 프로그램은 더욱더 탄력을 받는다. 미국 정부가 발행하는 '푸드 스탬프 Food Stamps'는 한 가지 예다. 이것은 가난한 이들이 한 달에 일정액의 식료품을 구입할 수 있는 쿠폰이다. 이들은 이 푸드 스탬프로 농민장터나 공동체 지원 농업 프로그램에서도 먹을거리를 구입할 수 있다.

한국에서도 직거래가 뜬다

한국에서도 전국 곳곳에서 공동체 지원 농업 프로그램 형태의 직거래가 나타나고 있다. 강원도 춘천은 그 대표적인 예다.

2008년 춘천의 지역 단체들이 모여 춘천지역먹거리순환위원회현재 춘천친환경농산물유통사업단를 창립하고, 7월부터 공동체 지원 농업 프로그램 '생명밥상'을 시작했다. 2008년 7월부터 12월까지 운영됐던 1차 생명 밥상에는 40여 가구가 회원으로 참가했다. 회원들은 월 평균 6만 원의 회비를 내고 주 1회씩 먹을거리를 받았다.

시범 사업을 주도한 춘천사회적경제네트워크 이강익 정책기획국장은 "소비자 회원들 밥상에 지역 농산물이 들어가는 비중이 커졌고, 먹을거리 안전에 대한 의식도 높아지는 긍정적인 변화가 있었다. 무엇보다도 지역 먹을거리 운동의 필요성을 지역 내에 확산시켰다"고 자평했다.

2008년 11월 이 사업은 노동부의 '사회적 일자리 지원 사업'에 선정돼 16명의 일자리를 배정받았다. 이후 이들은 춘천친환경농산물유통사업단을 꾸리고 본격적으로 지역 먹을거리 운동을 펼치고 있다. 이들은 2011년까지 지역에서 환경 농업으로 생산한 먹을거리를 30곳의 어린이집에 공급할 계획이다.

또 지역 내에 거주하는 이주 여성들이 한국으로 오기 전에 터득했던 다양한 요리 방법으로 지역 먹을거리를 요리해서 소비자에게 공급하는 '다문화 식당'과 반찬 사업을 활성화할 계획도 있다. 이들은 학교 급식과 같은 단체 급식에 지역 먹을거리를 공급하는 계획도 추진 중이다.

'책임 소비'로 제철 채소 농업을 살린다

인구의 절반이 모여 있는 경기도에도 공동체 지원 농업 프로그램이 계속 등장하고 있다. 경기도 광명, 안양 등의 '등대생활협동조합'과 팔당 지역에서 유기 농업으로 먹을거리를 생산하는 농민이 중심이 돼 조직한 팔당생명살림이 함께 진행하는 '제철 채소 꾸러미'는 미국처럼 자발적으로 공동체 지원 농업 프로그램을 꾸린 대표적인 예다.

각 지역 YMCA에서 자체적으로 운영하는 등대생활협동조합은 서로 교류하던 팔당생명살림의 농가에서 생산한 제철 채소를 안정적으로 공급받아서 소비할 궁리를 하다, 2007년부터 제철 채소 꾸러미를 시작했다. 광명 YMCA 등대생활협동조합의 박재훈 간사는 이 프로그램을 시작한 배경을 이렇게 설명한다.

이젠 하우스가 아닌 노지에서 재배한 제철 채소가 거의 없는 게 한국 농업의 현실이다. 이런 상황에서 선택의 제약 같은 불편함을 감수하더라도, 농민이 힘껏 일군 제철 채소를 소비하는 게 자신과 가족은 물론이고 사회를 위해서도 도움이 되리라는 판단에서 이 프로그램을 시작했다.

팔당생명살림은 1년 동안 30~40개 품목의 채소를 생산한다. 이들은 이렇게 생산한 제철 채소를 매주 1만 5,000원 정도 값어치를 하는 꾸러미로 묶는다. 한 꾸러미 분량은 대개 두 가구가 일주일 동안 먹을 수 있는 정도다. 회원들은 필요에 따라 이를 다른 회원들과 나눈다. 이 꾸러미는 일주일에 한 번씩 회원에게 배달된다.

운영 모습을 보면 얼핏 생활협동조합에서 판매하는 다른 농산물 상품과 다를 게 없어 보인다. 결정적인 차이는 따로 있다. 제철 채소 꾸러미는 일 년 단위로만 신청이 가능하다. 이렇게 고정 수요가 딱 정해져 있는 덕분에 농민은 걱정 없이 농사를 지을 수 있다. 당연히 가격이 폭락해서 공들여 키운 채소를 버리는 일 따위도 없다.

채소가 나오는 5월부터 10월까지 배달되는 꾸러미의 품목을 농민이 직접 결정하는 것도 눈여겨볼 만한 차이다. 이런 방식 덕분에 농민은 자신의 여건에 맞는 다양한 채소를 판로 걱정 없이 재배할 수 있다. 이런 꾸러미를 받는 소비자도 이익이다. 제철에 난 가장 품질이 좋은 채소를 큰 발품을 팔지 않고도 집에서 받아볼 수 있기 때문이다.

2009년 현재 등대생활협동조합에서는 105개의 제철 채소 꾸러미가 매주 배달된다. 박재훈 간사는 "처음에는 꾸러미의 품목이 다양하지 않거나, 혹은 마음에 들지 않은 품목이 섞여 있어서 소비자가 불편해하기도 했지만, 이런 단점은 시간이 지날수록 생산자, 소비자 모두 노력해 보완하고 있다"고 설명했다.

농촌과 도시가 함께 농사를 짓는다

개인들이 공동체 지원 농업 프로그램과 흡사한 직거래를 시작한 예도 있다. 앞으로 살펴볼 '콩세알'은 대표적인 예다.

경기도 이천시 율면에서 농사를 짓는 권순호, 임을재 씨는 20년 가까이 유기 농업으로 먹을거리를 생산했다. 이들은 평소 직접 찾아와 먹을거리를 구입하던 소비자 몇몇과 함께 직거래 인터넷 홈페이지 '초록장터'를 개설했다. 이렇게 인터넷을 통해서 4년간 직거래를 이어오던 초록장터는 2008년부터 매달 회비를 내고 농산물을 받는 회원제로 전환했다.

이 과정에서 외국에서 한창 유행하기 시작한 공동체 지원 농업 프로그램의 존재도 알게 되었다. 2009년, 이들의 공동체 지원 농업 프로그램은 서울시립청소년직업체험센터 '하자센터'에서 지원하는 사회적 기업 공모 사업에도 선정된다. 이렇게 시작된 공동체 지원 농업 프로그램이 바로 '콩세알'이다. 권순호 씨의 얘기를 들어보자.

콩세알 회원은 서로를 '가족'으로 여긴다. 생산자와 소비자는 '차가운 관계'가 아니라 한 공동체의 구성원으로 '친밀한 관계'를 맺는다. 농사짓는 사람은 자기가 생산한 좋은 농산물을 좋아하는 사람에게 먹이는 게 가장 큰 바람이다. 한국에서 그런 바람을 현실로 만드는 게 쉽지 않다. 바로 콩세알은 그런 바람을 현실로 만드는 곳이다.

실제로 권순호 씨는 농협, 시장과 거래를 끊었다. 물론 처음부터 그의 시도가 순탄했던 것은 아니다. 직거래를 시작할 때 가장 어려운 점은 고객 확보이다. 어렵게 확보한 고객을 만족시키려면 농협, 시장에 납품할 때보다 품목도 훨씬 다양해야 한다. 최소한 30~40가지의 품목

경기도 이천시 율면의 권순호 씨네 농장과 소비자들이 함께 시작한 공동체 지원 농업 '콩세알.'
직거래뿐 아니라 어린이 캠프 등 다양한 프로그램을 진행한다.

을 재배하려면 보통 품이 드는 게 아니다.

권순호 씨는 연간 40가지 품목을 재배한다. 간장, 된장, 고추장, 효소, 잼 등도 직접 가공해서 공급한다. 늘 할 일이 태산 같지만 입소문만으로 늘어난 콩세알 회원들이 찾는 덕분에 농협, 시장과 거래할 때보다 이문도 크다. 주말마다 방문하는 회원들과 맺는 관계는 또 다른 기쁨이다.

그러나 권순호 씨의 마을에서 직거래를 하는 농민은 권 씨뿐이다. 20가구 정도가 한 마을에 살지만 대부분 70대 이상의 고령이기 때문이다. 지금 콩세알에 참여하는 농가는 이천시 율면 일대에서 농사를 짓는 두 가구다. 두 가구가 품목을 나누고 배달을 공동으로 하면서 협력한다.

콩세알의 가장 큰 문제는 배달이다. 100여 가구가 되는 회원들이 대개 서울을 비롯한 수도권에 뿔뿔이 흩어져 있기 때문이다. 여덟 가구가 같이 모여 있는 서울 목동을 제외한 다른 회원에게는 택배 서비스를 이용할 수밖에 없다. 권 씨는 "얼굴을 맞대고 배달할 수 있는 방법을 고안하는 게 큰 숙제"라고 지적했다.

콩세알의 또 다른 '가족'인 회원의 반응은 어떨까. 서울 목동의 이현주 씨는 원래 권순호 씨네 농장에서 유기 농업으로 재배한 감자, 토마토 등을 구매했다. 그러다가 권 씨가 정기적으로 회비를 내고 농산물을 배달하는 직거래를 제안했다. 이 씨는 "권순호 씨는 신뢰할 만하다고 생각해, 동네에 다른 이웃과 직거래를 하기로 결정했다"고 말했다.

한 달에 한 번씩, 이현주 씨의 직장인 지역아동센터로 권순호 씨네 농산물이 배달된다. 이 씨는 이 농산물을 함께 직거래를 하는 이웃 회원과 나눈다. 이 씨와 같은 회원은 월 10만 원의 회비를 낸다. 권 씨가

김장을 담그는 '콩세알' 회원들.

보내는 먹을거리가 한 달에 10만 원어치 값을 할까? 시장, 대형 할인점보다 비싼 게 아닐까? 이 씨의 얘기를 들어보자.

매주 한 번씩 배달되는 먹을거리만 놓고 보면 10만 원어치가 안 될 때도 있을 것이다. 그러나 콩세알의 먹을거리를 대형 할인점에서 파는 것과 그렇게 단순히 비교할 수는 없다. 서울에서 아는 사람이 땀 흘려 생산한 좋은 농산물을 수확한 바로 다음 날 받아서 먹을 수 있는 사치를 누리는 사람이 얼마나 될까?

먹을거리의 질이 워낙 좋은데다, 대형 할인점에서 눈에 띄지 않는 채소는 물론이고 간장, 된장, 고추장, 효소까지 받는다. 사실상 권순호 씨 덕분에 먹고산다. 집에서 하기에 만만치 않은 김장을 권 씨의 농가에서 회원들이 같이 모여서 했는데, 정말로 즐거웠다. 이런 즐거움은 결코 돈으로 살 수 없는 것이다.

이현주 씨는 요즘 부쩍 권순호 씨를 닦달한다. 이 씨는 "2008년 한 해 동안 배달을 받아보니 오이가 맛있어서, 권 씨에게 계속 오이 타령을 한다"고 웃었다. 그는 "앞으로 콩세알의 경험이 더욱더 쌓이면, 나를 비롯한 회원도 농사 지식이 늘어서 더 풍성한 경험을 할 수 있을 것"이라고 덧붙였다.

사회적 기업이 대세?

한국에서 진행 중인 공동체 지원 농업 프로그램을 비롯한 지역 먹을거리 운동을 취재하다 보면 곳곳에서 만나는 말이 있다. '사회적 기업social entrepreneur'이 그것 이다. 2007년 정부가 사회적기업육성법을 제정하면서 유행이 된 사회적 기업과 지역 먹을거리 운동의 만남, 어떻게 봐야 할까?

사회적 기업이 무엇인지부터 살펴보자. 사회적기업육성법을 보면, 사회적 기업은 '취약 계층에게 일자리를 제공하는 등의 사회적 목적을 추구하면서 동시에 영업활동을 수행하는 기업'으로 정의된다. 정부는 이런 정의에 부합하는 기업을 선정해, 사회적 기업으로 '인증'하고 인건비를 지원하는 등의 혜택을 주고 있다.

이런 분위기 속에서 지역 먹을거리 운동을 염두에 둔 사회적 기업이 등장했다. 앞에서 소개한 춘천친환경농산물유통사업단, 콩세알 등이 한 예다. 지역 먹을거리 운동이 걸음마 단계인 상황에서 이런 정부, 지방자치단체의 지원은 도움이 될 수 있다. 그러나 이런 흐름을 걱정하는 목소리도 존재한다.

우선 정부가 주도하는 사회적 기업 인증제도가 도마에 오른다. 정부가 사회적 기업을 인증하면서, 사회적 기업의 정신을 공유한 수많은 조직이 배제되고 있기 때문이다. 그렇다면, 사회적 기업의 정신은 무엇일까? 이영환 성공회대학교 교수(사회

복지학)는 "세상을 변화시키는 혁신을 추구하는 것"이라고 정의한다. 이 교수의 얘기를 들어보자.

실업, 빈곤, 소외 등 자본주의가 야기한 여러 가지 폐해를 해결하는 혁신의 모색이야말로 사회적 기업의 정신이다. 사회적 기업은 이런 혁신을 위해서 필요한 새로운 차원의 경제 활동을 의미한다. 실직자를 위한 고용 창출 등의 일은 물론이고 농촌 공동체를 회복하는 운동, 노동자들이 자주적으로 운영하는 기업 등 사회적 기업의 형태는 무궁무진하다.

이런 지적을 염두에 두면 정부가 주도하는 사회적 기업 인증에 목을 매는 현재의 분위기는 문제가 많다. 취약 계층을 고용한 사회적 기업이 시장에서 일반 기업과 경쟁을 하면 할수록, 애초의 사회적 기업의 정신은 퇴색될 가능성이 크다. 더구나 이 과정에서 취약 계층 보호도 제대로 못하는 상황이 나타난다.

2009년 7월 '지역재단'이 주최한 토론회에서 만난 박대호 충청북도 청주 일하는 공동체 지역디자인팀장도 공감을 표시했다. 그는 "제대로 된 지역 먹을거리 운동을 하려고 지역 내 재단에서 지원하는 사회적 기업 사업권을 포기했다. 사회적 기업으로 지역 먹을거리 운동에 접근하다 보니 어느 순간 돈 벌 궁리만 하게 되었다"고 고백했다.

이 토론회에서는 지역 먹을거리 운동이 정부, 지방자치단체의 지원에 의존하는 분위기를 놓고도 갑론을박이 있었다. 비판자들은 "정부, 지방자치단체에 의존하다 보면 정책 변화에 따라서 지역 먹을거리 운동의 미래가 결정될 수 있다"고 걱정했다. 지역 먹을거리 운동에 호의적인 지방자치단체장이 바뀌면, 농민장터와 같은 사업이 좌초하는 사례가 생긴다는 것.

김용우 원주협동조합운동협의회 지역농업위원회 위원장은 "농민장터든, 공동체 지원 농업 프로그램이든, 중요한 것은 소비자들의 자발적인 참여이다. 그러지 않는 한 지역 먹을거리는 결코 사회에 뿌리를 내릴 수 없다"라고 잘라 말했다. 김 위원장은 "관이 주도하는 지역 먹을거리 운동은 결코 성공하기 어렵다"고 단언했다.

그리고 "공동체 지원 농업 프로그램에 지방자치단체, 일부 시민이 돈벌이 수단으로 접근하는 것 자체가 한국이 얼마나 '욕망의 사회'인지를 보여준다. 이것은 절대로 사업이 아니고, 그렇게 접근해서도 안 된다"며 목소리를 높였다. 농민과 시민이 자발적인 교류에서 시작하는 지역 먹을거리 운동의 기본 취지를 잊지 말자는 것.

우리는 앞으로 중앙 정부, 지방 정부가 지역 먹을거리 운동을 '지원'하고자 나서는 영국, 일본의 예를 살펴볼 것이다. 외국의 모습은 한국과는 다르다. 🍎

| 읽을거리 | ⋯⋯⋯⋯⋯⋯⋯⋯⋯⋯⋯⋯⋯⋯⋯⋯⋯⋯⋯⋯⋯⋯⋯⋯⋯⋯⋯⋯

- 『먹을거리 위기와 로컬푸드』(김종덕 지음, 이후 펴냄)

  국·내외 지역 먹을거리 운동을 둘러싼 이론을 알고 싶을 때, 꼭 읽어야 할 책이다. 지역 먹을거리 운동을 국내에 소개하는 데 앞장선 저자가 먹을거리를 둘러싼 문제와 그에 맞서 진행 중인 지역 먹을거리 운동의 사례를 다양한 이론을 염두에 두고 소개했다. 1장에서 소개한 『로컬푸드』와 같이 읽으면 좋다.

- 『아무도 남을 돌보지 마라』(엄기호 지음, 낮은산 펴냄)

  공동체 지원 농업 프로그램의 가장 중요한 문제의식은 시장의 횡포로부터 '우리'를 함께 보호하자는 것이다. 이 책은 먹을거리 문제를 포함해 도대체 왜 우리가 이 지경에 이르렀는지를 설명한 책이다. 바로 옆에서 볼 수 있는 이웃의 얘기를 따라서 읽다 보면 이런 생각을 할 수밖에 없으리라. "지금 뭔가 해야 해!"

6장

만드는 손과 먹는 손이 맞잡으니 세상이 바뀐다!

1965년, 도쿄에 살던 주부들은 안전한 우유를 저렴하게 구매하고자 직접 발 벗고 나섰다. 당시 일본은 대량 생산, 대량 소비 시대로 진입하던 중이었다. 그 과정에서 이렇게 생산된 먹을거리 역시 농약, 방부제, 항생제 등의 유해 물질 범벅이라는 사실이 알려지기 시작했다. 불안한 주부들은 가족이 매일 마시는 우유부터 의심의 눈길로 보았다.

  200명의 주부가 모였다. 이들은 안전한 우유 300병을 공동으로 구매했다. '생활 클럽'은 이렇게 시작했다. 1968년, 생활 클럽에 참여하던 이들은 '생활 클럽 생활협동조합'을 설립했다. 이 생활 클럽은 일본 내에서 가장 규모가 큰 생활협동조합 운동 조직 중 하나다.

  2008년 현재 생활 클럽은 도쿄부터 홋카이도까지 일본 전역 19개 지역에서 29개 조직이 운영 중이다. 조합원 수는 약 30만 명에 달한다.

'미야' 두부 공장.

후미 요시다 사이타마 생활 클럽 이사장.

2008년 11월, 3만 명이 참여하는 사이타마현 생활 클럽을 방문했다. 후미 요시다吉田 文枝 사이타마 생활 클럽 이사장은 곧바로 '미야' 두부 공장으로 안내했다.

이 공장은 일본 국내에서 생산한 콩과 천연 간수로 두부를 생산한다. 이 두부는 사이타마 생활 클럽에서 가장 인기가 많은 상품 중 하나다. 수입된 GM 콩에 각종 화학 첨가물을 넣어 대량 생산하는 일반 두부와는 맛과 질을 비교할 수 없기 때문이다. 생활 클럽 회원은 언제든지 공장을 방문해서 두부 만드는 과정을 살필 수 있다.

후미 이사장은 "생활 클럽의 로고는 함께 손을 잡고 있는 것이다. 먹을거리를 만드는 손과 먹는 손이 맞잡고 있다는 뜻"이라고 설명했다. 그는 "지역의 생산자가 있어야 소비자가 있을 수 있다. 생활 클럽은 소비자가 주도했지만, 정직한 먹을거리를 만드는 생산자가 없었다면 결코 이렇게 성장할 수 없었을 것"이라고 덧붙였다.

이렇게 지역의 생산자를 중요하게 여기는 생활 클럽은 커피처럼 일본에서 생산할 수 없는 먹을거리를 제외한 모든 상품이 일본 국내산이다. 또 같은 먹을거리도 한 생산자로부터만 납품을 받지 않고, 지역 내 여러 생산자를 찾아 물량을 확보한다. 지역의 농민 한 사람이 아니라 농촌 전체가 지속 가능할 때 생활 클럽도 존재할 수 있기 때문이다.

생활 클럽은 일본 생활협동조합 운동에 반班 단위의 예약 공동구매 문화를 정착시켰다. 반은 같은 지역에 사는 8~12명의 회원으로 구성한다. 이들은 반을 통해 필요한 분량의 먹을거리를 공동으로 주문해서, 분배한다. 이런 활동으로 생활 클럽은 다른 생활협동조합이 골머리를 앓는 매장 운영, 재고 처리 등의 문제를 해결할 수 있었다.

생활 클럽은 매장을 유지하는 데 비용을 들이는 대신 미야 두부와 같은 맛과 질이 좋은 먹을거리를 확보하는 데 신경을 썼다. 생활 클럽은 자체 공장을 설립해 농민이 공급한 우유를 유제품으로 가공한다. GM 콩과 같은 유전자를 조작한 작물이나, 농약을 써서 생산하는 플랜테이션 바나나는 취급하지 않는다.

일본의 문화가 된 생활협동조합

생활 클럽은 일본의 다양한 생활협동조합 중 하나다. 현재 일본 전역에 약 600개의 생활협동조합 조직이 있다. 조합원 숫자는 2007년 기준 2,200만 명으로 일본 전체 인구의 약 6분의 1에 달하고, 매장 수는 2,600개가 넘는다. 4인 가족을 기준으로

일본 도쿄의 한 생활협동조합 매장.
일본 인구의 과반수가 생활협동조합을 통해 물건을 구매할 정도로 생협은 일본 사회에 자리 잡았다.

주부 한 명씩 조합원에 가입돼 있으니, 실제로는 인구의 과반수가 생활협동조합을 통해서 물건을 구매하는 것이다.

이렇게 생활협동조합이 일본에 자리 잡은 이유를 알려면, 지역 생활협동조합의 특징을 살펴봐야 한다. 일본의 생활협동조합 역시 회원들이 매월 정기적으로 출자금(생활 클럽의 경우 1인당 1,000엔 · 2009년 11월 기준 1만 3,000원)을 내고, 이를 기반으로 유지를 한다. 이것은 다른 나라의 생활협동조합과 다를 바가 없다.

생활협동조합은 출자금을 상품 유통, 매장 설립 등에 쓰면서 회원에게 양질의 상품을 값싸게 공급한다. 하지만 일본의 생활협동조합은 단순히 '생활에 필요한 제품을 싸게 산다'는 '소비자 생활협동조합'의 틀에 갇히지 않았다. 특히 일본 생활협동조합의 기초 조직인 반은, 유럽과 미국 등 다른 나라의 생활협동조합에서는 찾아볼 수 없는 독특한 모습이다.

한 지역 내에서 약 10가구가 모여 공동 배달을 받는 조직인 반은 5장에서 살펴본 아맙, 공동체 지원 농업 프로그램과 비슷하다. 2006년을 기준으로, 반은 일본 전역에 약 200만 개가 조직돼 있으며, 여기에 속한 조합원 숫자는 약 619만 명이다. 맞벌이 가구가 늘어나면서, 매장 구매나 인터넷 구매에 기반을 둔 택배 서비스가 늘어나긴 했지만 반별 구매는 여전히 일본 생활협동조합의 근간이다.

반을 통해 상품을 구매하는 방식은 매장 구매보다 번거롭다. 한 달에 한 번, 생활협동조합에서 당번(마을지기)에게 일람표와 주문서를 전달하면, 이를 같은 반의 회원들이 돌려 보면서 주문서를 작성한다. 마을지기가 이 주문서를 생활협동조합의 담당 직원에게 전달하면, 해당 상품을 받을 수 있다.

처음에는 반을 통한 공동 구매가 매장 설립보다 비효율적으로 보였지만, 이런 반별 구매는 일본 생활협동조합의 독특한 문화가 탄생하는 계기가 됐다. 우선 반 활동이 주로 낮에 이뤄지다 보니, 생활협동조합 활동 주체가 여성이 될 수밖에 없었다. 생활 클럽을 놓고 봐도, 회원의 95퍼센트가 여성이다.

회원의 다수가 여성, 특히 주부이다 보니 자연스럽게 공동 구매 외의 다른 활동도 나타났다. 이들은 육아 문제를 비롯한 지역사회의 다른 문제를 놓고 의견을 나누면서, 지역운동, 환경운동 더 나아가 정치 활동에 나서게 되었다. 생활협동조합의 에너지가 지역사회를 바꾸는 활력소가 된 것이다. 지역 생활협동조합 운동은 곧 지역 공동체 운동이 되었다.

생활 클럽은 좋은 예다. 생활 클럽은 2008년 현재 일본 전역에서 544개의 양로원, 노인 수발 서비스 사업소를 운영 중이다. 이런 기관의 종사자 수는 약 1만 1,700명, 이용자 수는 약 4만 5,000명이다. 지역의 고령화가 심각한 문제가 되면서, 생활협동조합이 이를 극복할 대안을 내놓은 것이다.

세상을 바꾸는 생활협동조합

일하는 사람이 스스로 출자해 기업을 꾸리는 '워커스 콜렉티브Workers' Collective'도 일본 생활협동조합만의 중요한 성과다. 1982년 생활 클럽에서 시작한 워커스 콜렉티브는 도

'워커스 콜렉티브'는 일본 생활협동조합의 성과 중 하나다.

시락·빵 등 먹을거리 제조부터 노인·장애인 수발 등 다양한 분야로 확산되었다. 2007년 11월 현재, 일본워커스콜렉티브네트워크 Workers' Collective Network Japan·WNJ에 가입한 워커스 콜렉티브는 약 700개, 회원 수도 약 1만 8,000명이다.

생활협동조합은 시간이 갈수록 힘을 발휘했다. 1990년대 이후 일본 내에서 대대적으로 전개된 GMO 반대 운동의 중심에도 생활협동조합이 있었다. 탄탄한 반으로 엮인 주부들의 동참이 없었다면 GMO 반대 운동이 탄력을 받기는 힘들었을 것이다. 실제로 생활협동조합원은 일본 곳곳에서 진행 중인 환경운동의 가장 큰 지지자다.

생활협동조합은 구호 활동도 전개했다. 2004년 니가타 현에서 진도 7.0의 지진이 발생하자, 니가타소고생활협동조합을 비롯한 전국에서 약 1,100명의 생활협동조합 직원이 피해 현장으로 달려왔다. 이들은 생활협동조합의 노하우를 살려서 정부보다 발 빠른 구호물자 공급 활동을 펼쳐, 일본 생활협동조합의 힘을 보여줬다.

생활협동조합 회원은 풀뿌리 정치에도 활발히 참가한다. 특히 생활 클럽은 뜻있는 조합원들이 자발적인 정치단체를 결성하고, 지방의회 의원으로 '대리인'을 보내는 운동을 장려한다. 1985년 이후 생활 클럽은 지역별로 120개의 '네트워크 정당'을 만들어 141명의 '대리인'을 배출했다. 이들은 지방의회 내에서 환경 보전, 복지 강화의 선봉대 역할을 수행한다.

일본의 생활협동조합은 이처럼 공동구매를 넘어서 세상을 바꾸는 중이다. 만드는 손과 먹는 손이 맞잡으니 세상이 바뀌고 있는 것이다.

한국의 생활협동조합,
희망의 불씨가 되어라!

    지난 2008년 미국산 쇠고기 수입을 놓고 촛불 집회 등 대중의 저항이 거셌다. 5월부터 8월까지 4개월에 걸쳐 계속된 촛불 집회의 가장 큰 성과는 무엇일까? 여러 가지를 열거할 수 있겠지만, 구체적인 숫자로 확인할 수 있는 성과가 한 가지 있다. 바로 생활협동조합 회원 수와 매출의 증가다.

    2008년 현재 한국의 생활협동조합 회원 수는 약 32만 4,000명, 생활협동조합의 매출은 3,347억 원이다. 2008년 한 해 동안 한살림은 매달 회원수가 2,000명 이상 증가했다. 공급액도 2008년 한 해 동안 22퍼센트 상승했다. iCOOP

생활협동조합 중 하나인 한살림 매장.

생활협동조합연합회도 2008년 한 해 동안 조합원 수는 3만 5,000명에서 5만 3,000명으로 약 2만 명이 늘었다. 매출액도 38퍼센트 증가했다.

이처럼 한국의 생활협동조합은 먹을거리와 떼려야 뗄 수 없는 관계다. 한국의 생활협동조합은 1979년 3월 강원도 평창에서 창립한 신리소비자협동조합이 시초다. 1980년대 전국 곳곳에서 지역 생활협동조합이 등장했다. 이 생활협동조합 역시 일본과 마찬가지로 안전한 먹을거리를 회원에게 공급하는 데 중점을 두었다.

일본 생활협동조합 운동의 특징이 '반'을 통해서 이뤄지는 다양한 활동이라면, 한국 생활협동조합 운동의 특징은 유기 농업과 같은 환경 농업 운동과의 연대다. 국내에서 생활협동조합 운동이 시작된 1980년대만 하더라도 유기 농업 등을 통해 생산된 먹을거리는 시민에게 생소했다. 생활협동조합은 바로 이런 상황에서 유기 농업 먹을거리 등의 보급에 앞장섰다.

이렇게 된 데는 생활협동조합 운동의 초기 성원이 기존의 관행 농업에 대항해 유기 농업을 내세운 농민운동과 밀접한 관계가 있었기 때문이다. 박상신 전 생활협동조합전국연합회 사무총장은 "유기 농업과 같은 대안 농업으로 먹을거리를 생산하는 농민은 안정적인 판로를 확보하는 게 시급했다. 생활협동조합은 맞춤한 소비자 조직이었다"고 회고했다.

이렇게 대안 농업으로 먹을거리를 생산하는 농민과, 이런 대안 농업에 동의한 생활협동조합의 초기 개척자들 덕분에 한국의 생활협동조합은 처음부터 유기 농업으로 생산된 먹을거리를 직거래하는 데 신경을 썼다. 이런 초기의 활동이 현재까지 한국의 생활 협동조합의 사업으로 이어지고 있다.

조완형 한살림서울 상임이사도 "우리 농업을 지키고 우리 밥상을 지키도록 생산자와 소비자가 손을 맞잡고 노력을 기울였다. 그 결과 한국의 생활협동조합 운동은 생산자와 소비자가 함께 참여하는 유기 농업으로 생산된 먹을거리 직거래 운동으로, 또 농촌 · 환경 · 생태를 보존하는 생명운동으로 이어졌다"고 회고했다.

한국의 생활협동조합 운동은 소비자와 생산자가 함께하는 생명운동이라는 특징이 이어지고 있다.

그렇지만 생활협동조합이 국내 농업에 미치는 영향은 아직 미미하다. 1998년 친환경농업육성법이 제정되면서 유기 농업을 비롯한 무농약 · 저농약을 표방한 환경 농업 농지가 늘었다. 그러나 유기 농업 농가는 여전히 전체 농가와 비교했을 때 0.7퍼센트를 약간 상회하는 수준이다. 전체 경지 면적 중 차지하는 비율도 2008년 현재 3퍼센트를 약간 웃돌고 있다.

미디어에 의존해서 성장한 한국의 생활협동조합

이렇게 생활협동조합의 영향력이 적은 이유는 무엇일까? 한살림, iCOOP생활협동조합연합회, 생활협동조합전국연합회, 두레생활협동조합, 여성민우회 생활협동조합 등이 활발한 활동을 펼치고 있지만, 여전히 회원 수가 일본과 다르게 전체 인구의 1퍼센트에도 미치지 못하는 이유는 무엇일까? 일단 김용우 원주협동조합운동협의회 지역농업위원장의 분석을 들어보자.

> 한국 생활협동조합은 잊을 만하면 불거지는 먹을거리 문제와 이것을 선정적으로 보도하는 미디어에 의존해서 성장했다. 유기 농업도 농민의 각성보다는 정부의 환경 농업 육성 정책에 의존해 확대된 측면이 크다. 이처럼 외부 요인 때문에 성장해온 한국의 생활협동조합은 결국 한계에 부딪칠 수밖에 없다.
>
> 당장 2000년대 들어서 생활협동조합은 환경 농업으로 생산된 먹을거리를 취급하는 일반 기업과 경쟁하면서 중심을 잡지 못하고 있다. 기업과의 경쟁을 염두에 두고 유통에 신경을 쓰면서 사실상 일반 기업과 비슷한 모습으로 바뀌고 있다. 이런 식으로 가다가는 생활협동조합의 존재 이유를 회의하는 목소리가 나올지도 모른다.

허남혁 로컬푸드시스템연구회 간사도 "한국의 생활협동조합이 처음에는 공동체 지원 농업 프로그램과 비슷했지만, 다수 생산자와 다수 소비자의 직거래 관계로 바뀌면서 일반 유통 업체와 비슷한 모습으로 바꿰었다. 이런 식으로는 생활협동조합은 유기 농업 먹을거리를 취급하는 일반 기업과의 경쟁에서 살아남을 수 없다"고 지적했다.

생활협동조합의 변화를 꾀하는 일도 갈수록 어렵다. 김재겸 전 바른생활협동조합 상무이사는 "인터넷이 확산되면서 오히려 회원과의 의사소통이 더욱더 어렵다"고 토로했다. 그리고 그는 "새로 가입한 회원은 생활협동조합을 유기 농업으로 생산된 먹을거리를 인터넷으로 주문하면 가져다주는 회사로 취급하는 경향이 있다"고 덧붙였다.

회원이 아닌 사람도 상품을 구매할 수 있는 매장 판매도 생활협동조합의 색깔이 없다. 김재겸 전 상무이사는 "매장을 단순히 매출을 높이는 수단으로 여기기보다는 지역에 생활협동조합 운동을 뿌리내리는 거점으로 활용해야 한다. 그러나 생활협동조합이 매장을 이렇게 활용하지 못하고 있다"고 지적했다.

지역 먹을거리 운동, 워커스 콜렉티브……

이런 상황에서 생활협동조합의 새로운 도약을 꿈꾸는 흐름도 보인다. 강원도 원주는 국내에서 생활협동조합에 기반을 둔 지역 먹을거리 운동이 활발한 지역 중 하나다. 2003년 13개 지역 생활협동조합이 모여서 협동조합운동협의회를 창립하고서, 원주 지역에서 지역 먹을거리 운동을 공동으로 펴나가고 있다.

조세훈 원주협동조합운동협의회 사무국장은 "생활협동조합 운동을 시작한 지 약 20년이 지났지만, 과연 생명 농업, 환경 농업, 유기 농업이 지역 회생에 얼마나 기여하고 있는가, 이런 질문에 선뜻 대답을 내

한살림 수지매장

사업자 번호 : 142-82-00431
대 표 자 : 박연희
경기도 용인 수지구 풍덕천동 697-6
업 태 : 소매업
종 목 : 슈퍼마켓
담 당 자 : 관리자
전 화 번 호 : 031-263-7763
구 매 일 자 : 2009년04월10일 17:48:54
영 수 번 호 : 6 - 영수증 재발행
판 매 자 명 : 관리자

----
1 조선간장(0.9)-재래식간장)
   114   6,600   1   6,600

>>> 코드앞에 ¤ 표시는 면세품목입니다.

            과   세   6,000
            부 가 세   600
            면   세   0
            구 매 계   6,600

            현   금   10,000
            거스름돈   3,400

┌──────────────────────────────────┐
│ 밥상과 지구를 살리는, 가까운 먹을거리 │
│ 줄인 이동거리 : 19,503km   │
│ 줄인 CO2   137g   │
│ TV 2시간 형광등 16시간 사용한   │
│ 전기량만큼 줄이셨습니다.   │
└──────────────────────────────────┘
감사합니다.
출력일자 : 2009-04-10 18:00:28

최근 생활협동조합은 지역 먹을거리 운동도 활발하게 전개하고 있다.

놓기 어렵다. 단적으로, 생활협동조합에서 취급하는 먹을거리를 살펴보니 지역산이 거의 없는 게 현실"이라고 고백했다.

이 같은 문제의식을 기반으로 원주에서는 학교 급식부터 지역 먹을거리 보급에 나서고 있다. 2007년, 원주 시내 학교는 지역 농협으로부터 약 1억 원어치의 쌀을 공급받았다. 2008년 2월에는 친환경급식지원센터를 설립해, 농촌 지역의 어린이집, 유치원, 초·중학교, 상지대 구내식당 등에 연간 150톤 규모의 지역산 무농약 쌀을 공급하고 있다.

조세훈 국장은 "친환경급식지원센터는 먹을거리 공급뿐만 아니라 유통, 가공, 홍보까지 아우르는 역할을 맡아 하면서 장기적으로 지역먹을거리정책협의회로 발전하는 것을 목표로 하고 있다"고 설명했다. 그리고 그는 "친환경급식지원센터가 원주에 가장 잘 맞는 지역 먹을거리 운동을 고안하고 실천하는 중심 역할을 할 것"이라고 덧붙였다.

한살림은 2009년 4월부터 먹을거리가 이동한 거리와 이산화탄소 발생량을 표시하는 '가까운 먹을거리 운동'을 펴고 있다. 쌀, 빵, 두부 등 29개 먹을거리 품목을 한살림에서 구입하면, 이 먹을거리의 이동 거리와 이산화탄소 발생량을 해외에서 수입하는 같은 먹을거리의 그것과 비교할 수 있다. 소비자들이 지역 먹을거리의 중요성을 쉽게 이해하도록 해 푸드마일을 줄이자는 것이 목표다.

일본의 워커스 콜렉티브를 국내에 도입해 생활협동조합의 활동 영역을 넓히려는 움직임도 있다. 순면 생리대 같은 제품을 생산·판매하는 두레생활협동조합의 '한땀두레', 안양율복생활협동조합의 '유기농 반찬 가게', 인천생활협동조합의 '예슬어린이집' 등이 국내에서 워커스 콜렉티브 형태로 사업을 진행한 사례다. 워커스 콜렉티브 중에는 사회적 기업으로의 전환을 모색하는 시도도 있다.

그러나 iCOOP생활협동조합연구소 정원각 사무국장은 "사실상 전 인구의 과반수가 생활협동조합과 관계를 맺고 있는 일본에서도 워커스 콜렉티브에 참여하는 이들이 생계를 이어갈 수 있을 만큼 충분한 수익을 내지 못하고 있다. 생활협동조합 회원이 전체 인구의 1~2퍼센트밖에 되지 않는 우리나라에서는 성공할 가능성이 낮다"고 지적했다.

당신의 먹을거리 색깔은 무엇입니까?

2008년 6월, 미국산 쇠고기 수입을 반대하는 촛불 집회를 옹호하며 시국 미사에 나섰던 천주교정의구현전국사제단의 전종훈 대표신부는 이렇게 목소리를 높였다. "고기에 좌우 색깔이 있는가?" 먹을거리 안전을 원하는 시민의 촛불 집회에 색깔을 칠하는 정부와 보수 언론의 태도를 한마디로 비판한 것이다.

그러나 곰곰이 생각해보면 정부, 보수 언론은 사태를 정확히 보았다. 촛불 집회에 나가서 미국산 쇠고기를 반대하는 시민은 자기도 모르게 특정한 가치를 옹호했다. 그들이 어떤 가치를 옹호했는지 확인하려면 이명박 대통령이 먹을거리를 어떻게 생각하는지부터 살펴야 한다.

이명박 대통령은 미국산 쇠고기 수입을 놓고 이렇게 말했다. "미국산 쇠고기를 수입하면 시민들이 값 싸고 질 좋은 고기를 먹게 될 것이다." 대통령의 이 한마디에는 여러 가지 가치가 숨어 있다. 하나씩 살펴보자.

우선 이명박 대통령은 시장에만 맡겨두면 값 싸고 질 좋은 쇠고기가 '자연스럽게' 공급되리라고 확신하고 있는 듯하다. 하지만 잘 알다시피 미국산 쇠고기는 결코 값 싸고 질 좋은 쇠고기가 아니다. 그것은 광우병에 감염되었을 가능성이 클 뿐만 아니라, 사육 과정에서 항생제, 호르몬제 등 온갖 유해 물질을 처리한 위험한 먹을거리이다.

이뿐만이 아니다. 대통령의 저 말에는 이 땅에서 소를 키우는 농민에 대한 고려가 전혀 없다. 설사 미국에서 생산한 쇠고기가 값 싸고 질 좋은 것이라고 치자. 그런 쇠고기가 한국에 들어왔을 때, 한국의 축산 농가가 입을 피해는 어떻게 할 것인가? 값 싸고 질 좋은 고기만 섭취하면 한국의 축산 농가야 어떻게 되든 상관 없는가?

한국을 비롯한 전 세계로 수출되는 미국산 쇠고기 1킬로그램을 생산하려면 (온갖 유해 물질에 더해서) 곡물 약 10킬로그램을 투입해야 한다. 전 세계에 굶주리는 사람이 약 8억 5,000만 명에 달하는 현실에서, 전 세계 곡물의 3분의 1을 소가 먹어치우고 있다. 값 싸고 질 좋은 쇠고기를 먹을 수 있다면 이런 현실은 잊자는 말인가?

2008년 4월 정부가 미국산 쇠고기를 전면 수입하기로 결정하자
시민들은 4개월 간 촛불 집회를 열며 반대 목소리를 높였다.

질문은 꼬리에 꼬리를 문다. 앞에서 살펴봤듯이 미국산 쇠고기는 축산업자를 위해 최대 이익을 짜내고자 고안된 산업 축산의 산물이다. 쇠고기를 생산하는 과정에서 소는 말할 수 없는 고통을 겪는다. 짧은 시간에 좁은 면적에서 육질이 좋은 고기를 얻고자 소를 상대로 온갖 처치가 이뤄진다. 값 싸고 질 좋은 쇠고기만 얻는다면 이런 일쯤이야 용인해야 하는가?

아마도 2008년 여름 광화문에서 촛불을 들었던 많은 시민은 앞에서 열거한 것들 중 최소한 한 가지 이상에 이견이 있었을 것이다.

'시장이 강요하는 먹을거리가 광우병을 비롯한 온갖 위험을 낳고 있다는데, 그것의 수입을 그냥 용인해야 할까?'

'미국산 쇠고기를 저렇게 수입하면 이 땅의 농민은 피눈물을 흘려야 할 텐데……'

'지금 이 순간에도 5초에 한 명씩 아프리카에서 어린이들이 굶주려서 숨이 멎고 있는 현실을 염두에 두면 미국산 쇠고기로 만든 스테이크를 먹는 것은 옳지 않아. 더구나, 이 미국산 쇠고기를 얻고자 말 못할 고통에 눈물을 흘릴 소의 처지를 생각해봐. 이것을 이렇게 수입하는 것을 허용하는 것은 옳지 않아.'

그렇다. 바로 이런 (또렷한 혹은 희미한) 생각들이 모여서 2008년 여름을 환하게 밝힌 촛불의 사건을 만들었다. 이처럼 먹을거리를 선택하는 일은 곧 나의 가치를 보여주는 일이다. 당신의 밥상을 한번 살펴보자. 당신은 어떤 가치에 기반을 둔 먹을거리로 삶을 유지하고 있는가? 당신 먹을거리는 어떤 색깔인가? 🍎

- 『어리석은 나라의 부드러우면서도 강한 시민』(요코다 가쓰미 지음, 나일경 옮김, 논형 펴냄)

  앞에서 소개한 일본의 생활협동조합 생활 클럽의 역사와 활동을 소개한 책이다. 1970년 가나가와 현에 생활 클럽을 설립해 30년 이상 지역 생활협동조합 운동을 이끌어온 저자의 생생한 경험이 담겨 있다. 6장에서 소개한 일본 생활협동조합 운동의 전반을 한눈에 알고 싶을 때 참고할 만하다.

- 『나락 한 알 속의 우주』(장일순 지음, 녹색평론사 펴냄)

  강원도 원주에서 농업에 기반을 둔 생활협동조합 운동을 시작한 무위당 장일순의 말과 글을 모은 책이다. 책을 덮을 때쯤이면, 리영희, 김종철 등 이 시대를 대표하는 한국의 사상가들이 한목소리로 그를 은사로 평가하는 이유를 알 수 있을 것이다. 특히 그는 생산자와 소비자의 마주 잡은 손을 강조했다. 이와 관련된 자세한 얘기는 11장에서 더 살펴본다.

7장

빈 땅을
찾아라!
텃밭을
일궈라!
도시가
바뀐다

우리는 2006년 5월부터 215개의 새로운 텃밭이 생기는 것을 지켜봤다. 밴쿠버 시내 곳곳에서 이렇게 새로 생겨난 공공텃밭을 눈으로 직접 확인할 수 있다. 이 추세대로라면 밴쿠버 올림픽이 열리는 2010년까지 밴쿠버 시내에 2,010개의 텃밭을 만드는 계획이 실현될 수 있다.

2007년 6월 18일, 밴쿠버 먹을거리정책협의회Vancouver Food Policy Council 총회가 열리는 밴더슨 식물원 강당. 코디네이터를 맡고 있는 데보라 칸 Devorah Kahn 씨가 말을 끝내자마자 우레와 같은 박수 소리가 울렸다. 칸 씨는 밴쿠버 올림픽이 열리는 2010년까지 밴쿠버 시내에 2,010개의 텃밭을 만들자는 '2010 공공텃밭 프로젝트'의 성공적인 시작을 보고하던 참이었다.

지구 인구의 절반이 살고 있는 도시. 이 도시 곳곳에서 수백 년간의 도시 구조를 근본적으로 바꾸는 혁명이 진행되고 있다. 물론 전통적인 혁명과는 다르다. 시민들은 무기 대신 보습을 든다. 그리고 광장 대신 텃밭을 찾는다. 마천루, 자동차로 가득한 도시에서 텃밭이라니? 그렇다. 바로 '공공텃밭community garden'이다.

많은 이들이 잔디를 기르고 또 깎는 데 노력을 허비한다

10년 전부터 이 기찻길로 기차가 다니지 않는다. 우리는 그 공간을 활용해 공공텃밭을 만들었다. 누구든지 1년에 20캐나다달러만 내면 땅을 얻을 수 있다. 밴쿠버에서는 총 18곳에 이런 공공텃밭 구역이 조성돼 있다. 이곳에 2006년 기준으로 총 950개의 텃밭이 조성돼 있다. 한 조사 결과를 보면, 밴쿠버 시민의 44퍼센트가 자신의 입으로 들어갈 먹을거리를 텃밭에서 직접 가꿔본 경험이 있다.

캐나다 밴쿠버의 '100마일 다이어트 소사이어티100mile Diet Society'의 설립자 엘리사 스미스Alisa Smith 씨가 길게 늘어선 주택 뒤로 안내하자 약 6제곱미터(2평)가량의 텃밭들이 길게 이어진 공공텃밭 구역이 펼쳐졌다. 밴쿠버 근방 150킬로미터(100마일) 이내에서 생산된 지역 먹을거리를 이용하자는 운동을 펼쳐온 그는 "텃밭에서 직접 길러서 먹는 먹을거리에도 관심이 많다"고 말했다.

스미스 씨는 "사람들은 콩, 마늘, 상추 등 자신의 텃밭에 원하는 작물을 무엇이든 심을 수 있다. 주로 자기 집에 정원이 없는 아파트 주민이 많이 참여한다"고 말했다. 그는 "정원을 가진 주민도 자신의 정원을 텃밭으로 만들어 동참하길 권유한다. 밴쿠버 주민은 너무 많은 시간을 자기 정원의 잔디를 기르고 깎는 데 허비하고 있기 때문"이라고 설명했다.

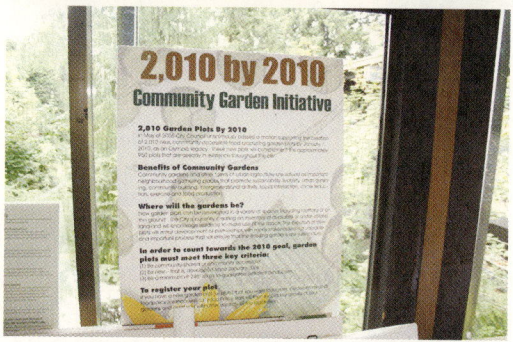

밴쿠버 시내에 조성된 공공텃밭. 밴쿠버 시는 2010년까지 도시 내에 2,010개의 텃밭을 만드는 프로젝트를 진행 중이다.

먹을거리정책협의회의 계획대로 밴쿠버 올림픽이 열리는 2010년 1월 1일까지 2,010개의 텃밭이 더해지면 총 3,000개의 텃밭이 밴쿠버를 덮게 된다. 2006년 5월 밴쿠버 시의회는 이 프로젝트를 적극적으로 지원하기로 약속했다. 이에 따라 시청은 시가 소유한 공원, 공터 등을 공공텃밭으로 활용할 수 있도록 했다.

밴쿠버 브리티시컬럼비아대학에서 지역 개발을 연구하는 이들은 공공텃밭을 조성할 수 있는 구역을 밴쿠버 지역에서 2007년까지 77곳이

나 더 찾아냈다. 이 같은 노력으로 이 지역에 일 년 만에 215개의 새로운 텃밭이 등장했다. 스미스 씨는 "기존의 공공텃밭마다 각각 평균 20명의 대기자가 있을 정도로 터가 부족했다. 이제 대기자 숫자가 좀 줄어들 것"이라고 말했다.

수입 농산물에 환호하던 사람들, 한 세대 만에 "이건 아닌데……"

스미스 씨의 말처럼 자기 집 정원을 텃밭으로 활용하는 일도 늘고 있다. '나만의 뒤뜰My Own Back Yard', 줄여서 '모비MOBY'라고 불리는 이 정원을 개조한 텃밭은 뒤뜰, 옥상, 노대(발코니)까지 다양한 형태로 변주되고 있다. 밴쿠버 먹을거리정책협의회는 이런 모비도 앞으로 추가해야 할 2,010개의 텃밭에 포함시켜 정원을 텃밭으로 만드는 데 동기를 부여했다.

밴쿠버의 대표적인 시민단체 '시티파머City Farmer'의 마이클 레벤스턴 Michael Levenston 대표는 이 같은 텃밭 혁명의 원조다. 그는 단체를 설립한 1979년부터 지금까지 30년 가까이 도시에서 먹을거리를 직접 길러서 먹을 수 있는 방법을 연구 · 개발 · 홍보해왔다. 그가 30년 전 내세웠던 '도시 농업urban agriculture'은 이제는 국제연합UN에서 쓸 정도로 국제적인 용어가 됐다.

지금까지 시티파머 사무실 앞에 있는 텃밭을 거쳐 간 이들도 수십만 명에 이른다. 이 텃밭에서는 이제 막 농사를 시작한 서툰 도시 농민

캐나다와 미국 대도시에서는 마당에 잔디 대신 '나만의 뒤뜰'을 가꾸는 시민이 늘고 있다.

이 쉽게 땅과 친해질 수 있도록 여러 가지 교육이 진행된다. 텃밭을 활용해 기를 만한 식물의 예를 제시하고, 음식물 쓰레기를 활용해 거름을 만드는 방법을 보여주기도 한다.

레벤스턴 대표는 "30년 전만 해도 도시민들은 텃밭에서 자기 먹을거리를 기르는 일에 아무도 관심이 없었다. 그러나 이제 사람들은 자기 집에서 재배한 먹을거리, 지역 먹을거리를 더 환호한다"고 말했다. 그는 "밴쿠버의 도시 농업은 아직도 갈 길이 멀다. 독일 베를린에서는 개인 텃밭이 8만 곳이나 조성돼 347만 명이 참여하고 있다"고 덧붙였다.

범죄도 예방하고,
저소득층도 돕는
'착한 텃밭'

이처럼 텃밭이 유행하는 이유는 무엇일까? 레벤스턴 대표는 대번에 "유행"이라고 잘라 말했다. 그는 "농촌에서 자란 이들에게 농사는 전혀 새롭지 않다. 그러나 예를 들어 미국의 영화배우 패리스 힐튼처럼 농사와 거리가 먼 오늘날의 도시인에게는 아주 흥미로운 일이 될 수 있다"고 말했다.

마이클 레벤스턴 시티파머 대표는 텃밭 가꾸기를 '긍정적인 유행'이라고 표현했다.

레벤스턴 대표는 그러나 이를 "긍정적인 유행"이라고 한 번 더 설명했다. 그는 "캐나다에서도 많은 소농이 몰락하고 있다. 이렇게 땅과 대면하며 먹을거리를 생산하는 이들이 줄어드는 현실에서 텃밭 가꾸기는 농사의 중요성을 사람들에게 환기하는 중요한 역할을 할 수 있을 것"이라고 지적했다. 그가 텃밭 가꾸기를 단순히 먹을거리를 얻기 위한 활동이 아닌 환경운동이자 사회운동으로 보는 이유다.

토론토 먹을거리정책협의

회 코디네이터 웨인 로버츠Wayne Roberts 씨는 '도시 농업'의 또 다른 실질적인 이점도 짚었다. 그는 "텃밭에서 먹을거리를 직접 생산하면서 도시인은 자연스럽게 운동도 하고 믿을 만한 과일, 채소를 공급받게 되었다. 텃밭과 같은 도시 농업이 증가할수록 공공 보건은 더욱더 증진될 수 있을 것"이라고 말했다.

텃밭이 모두에게 단지 '유행'은 아니다. 1990년대 초반의 위기를 도시 농업으로 극복한 쿠바와 마찬가지로 세계 곳곳에서 조성되는 도시의 텃밭은 저소득층에게는 중요한 생존 수단이다. 텃밭에서 기른 신선한 채소는 그들에게 대형 할인점에서 살 수 없는 건강을 유지하기 위한 중요한 먹을거리이다. 빈곤층이 신선한 채소를 가장 저렴하게 얻을 수 있는 최선의 방법인 것이다.

밴쿠버 먹을거리정책협의회가 '2010 공공텃밭 프로젝트' 외에 '뒤뜰 나누기Sharing Backyard', '한 줄 나누기Grow a Row, Share a Row'처럼 텃밭에서 직접 기른 먹을거리를 저소득층에 기부하는 프로그램을 진행하는 것도 이 때문이다. 후진국은 물론 선진국에서도 텃밭은 훨씬 더 큰 힘을 발휘한다.

밴쿠버 먹을거리정책협의회 캐롤 크리스토퍼Carole Christopher 공동의장은 "이런 프로그램을 통해 텃밭은 지역사회의 공동체를 재건하는 데도 기여하고 있다"고 덧붙였다. 실제로 지역사회에 공공텃밭이 늘수록 주민이 이웃과

밴쿠버 먹을거리정책협의회 캐롤 크리스토퍼 공동의장.

지역에 더 큰 애정을 가지게 된다는 연구 결과가 많이 나와 있다. 미국 뉴욕 주에서는 공공텃밭을 통해 범죄 예방 효과를 보기도 했다.

텃밭에서 가꾼 먹을거리를 '제로마일 먹을거리zero-mile food'라고 부른다. 먹을거리가 1킬로미터도 이동하지 않으면 이동하는 데 드는 석유를 아예 쓰지 않을 수 있다. 당연히 석유를 수송 연료로 사용하면서 발생하는 이산화탄소 같은 온실가스도 배출되지 않는다.

한 예로 캐나다 밴쿠버의 시민이 매주 대형 할인점에 가서 카트를 가득 채운다면 매년 온실가스를 4톤 이상 배출한다. 만약 카트를 지역 먹을거리로만 채운다면 발생하는 온실가스가 0.3톤으로 줄어든다. 먹을거리를 텃밭에서 직접 기른다면 거의 100퍼센트 가까이 온실가스 배출을 줄일 수 있는 것이다.

캐나다에서 텃밭 운동은 지방자치단체의 지원을 받으며 확산되고 있다. 크리스토퍼 공동의장은 "2007년 2월 밴쿠버 시의회는 먹을거리정책협의회가 제안한 '밴쿠버 식량 헌장'을 채택했다. 우리가 진행하고 있는 텃밭 운동은 바로 이 헌장의 정신을 실천에 옮긴 것"이라고 설명했다. 이 헌장을 구성하는 세 가지 축은 '식량 정의food justice', '식량 안보food security', '지속 가능성sustainability'이다(자세한 내용은 9장에서 다룬다).

크리스토퍼 공동의장은 "우리는 모든 먹을거리를 도시 내에서나 도시 인근에서 얻을 수 있다고 생각하지는 않지만, 더 많은 먹을거리를 지역 내에서 구입하고 자기 손으로 생산할 수 있도록 노력은 해야 한다"고 지적했다. 그는 "공공텃밭과 같은 텃밭에 대한 강조는 바로 지역 먹을거리에 시민을 자발적으로 접근하도록 하는 최적의 방법"이라고 덧붙였다.

도시에서
농사를 짓는다고?

도시 농업은 캐나다뿐만 아니라 전 세계적인 흐름이다. 이미 도시인은 전 세계 도시에서 소비되는 먹을거리의 약 3분의 1을 도시 농업으로 생산하고 있다. 전 세계적으로 8억 명이 도시 농업에 종사하고 있고, 이 중 6억 명은 자신을 위해서 먹을거리를 생산한다. 이렇게 도시에서 텃밭을 가꾸는 이들은 대부분 중국 상하이, 베트남 하노이, 타이 방콕 등 아시아에 거주한다.

미국, 러시아, 포르투갈, 캐나다 등 유럽, 북아메리카에서도 1960년대부터 도시 내에 텃밭을 조성하는 움직임이 지속적으로 확산됐다. 러시아의 상트페테르부르크는 시민 500만 명 중 절반 이상이 뒤뜰, 옥상, 공터에 먹을거리를 기른다. 포르투갈 역시 인구의 3분의 1 이상이 모여 사는 리스본의 곳곳에 채소, 포도를 기르는 텃밭이 있다.

특히 세계에서 가장 부유한 지역인 캐나다 몬트리올·토론토, 미국 시애틀 등은 공공텃밭이 활성화된

도시 농업은 세계적인 흐름이다. 영국 런던의 공공텃밭.

대표적인 지역이다. 몬트리올에서는 1985년부터 시 차원에서 지역 먹을거리를 보급하려는 다양한 노력을 기울였다. 현재 몬트리올에는 100곳의 공공텃밭 구역에서 8,195개의 텃밭이 운영되고 있다. 특히 몬트리올 시가 지역 먹을거리의 효과로 "지역 주민의 유대 강화"를 꼽은 것은 시사적이다.

토론토는 공공텃밭 구역이 1991년부터 2001년까지 50곳에서 122곳으로 두 배 이상 증가했다. 개인 텃밭 수는 3,000개에 달한다. 매년 공공텃밭 구역이 6~10곳씩 늘어나고 있어서 앞으로 토론토의 도시 농업 비중은 더욱더 커질 전망이다. 특히 토론토에서는 밴쿠버처럼 '푸드 쉐어 Food Share'와 같은 먹을거리를 저소득층과 나누는 일이 큰 호응을 받고 있다.

시애틀은 1970년대 시 차원에서 공공텃밭 프로그램을 시작했다. 시애틀 시에 있는 60곳의 공공텃밭 구역에서 1,900곳의 개인텃밭이 운영되고 있다. 그런데 시애틀에서는 도시 개발이 이뤄지면서 텃밭을 일굴 터를 확보하기가 점점 어려워지고 있어서 공공텃밭의 확대에 제동이 걸린 상태다.

100마일 다이어트

한국에서 지역 먹을거리 운동은 주로 농업 문제에 관심이 있는 이들을 중심으로 진행 중이다. 이것은 시민단체, 환경단체가 공정 무역 먹을거리에는 관심을 가지면서도 지역 먹을거리에는 별다른 관심을 보이지 않는 데서도 알 수 있다. 전 세계적으로 농업운동과 환경운동, 시민운동의 연대가 활발한 것을 염두에 두면 이런 한국 상황은 무척 우려스럽다.

이렇다 보니 지역 먹을거리 운동은 아직 대중의 주목을 받지 못하고 있다. 이 상황을 어떻게 타개할까? 여기 자신의 삶을 바꿈으로써 지역 먹을거리에 대중의 눈길을 끌어모은 사람이 있다. 바로 엘리사 스미스 씨. 그는 최근 북아메리카 지역에서 '100마일 다이어트(식단)'란 유행어를 만들어내며 지역 먹을거리 운동을 확장시킨 주인공이다.

지난 2005년 스미스 씨는 친구와 함께 1년간 모든 식사를 자신 아파트 주변 150킬로미터(100마일) 이내에서 난 먹을거리로 해결하는 '생활 실험'에 도전했다. 실험을 하는 동안 이들은 'The Tyee'라는 홈페이지

'100마일 다이어트'로 지역 먹을거리 운동을 확장한 엘리사 스미스 씨.

를 통해 자신의 생활을 알려 나갔다. 경험을 모아 묶어낸 책 『100마일 다이어트100 Mile Diet』도 유명해졌다.

스미스 씨는 2006년에 '100마일 다이어트 소사이어티100Mile Diet Society'라는 단체를 만들어 지역 먹을거리 운동을 전개하고 있다. 주로 인터넷을 통해 운영되는 이 단체는 출범한 뒤 몇 달이 채 안 돼 북아메리카 각지에서 수천 명의 회원을 불러 모았다. 스미스 씨는 평소 절반의 시간을 지역 먹을거리 운동에 할애하고, 나머지는 본래 직업인 작가로 활동하고 있다.

경계를 100마일로 정한 이유가 있나?

특별한 이유는 없다. 숫자가 쉬우니까. 그리고 밴쿠버 지역의 특성상 북쪽으로 100마일 가량 떨어진 지역부터 농산물을 재배하기가 어렵다.

100마일 다이어트에 관심을 가지게 된 계기는?

환경운동에 관심이 있었다. 그리고 원래 먹을거리를 직접 키워 먹는 것을 좋아했다. 그러다 지역 먹을거리 운동을 알게 됐고, 2005년 남자친구와 직접 100마일 식단을 실천해보게 됐다.

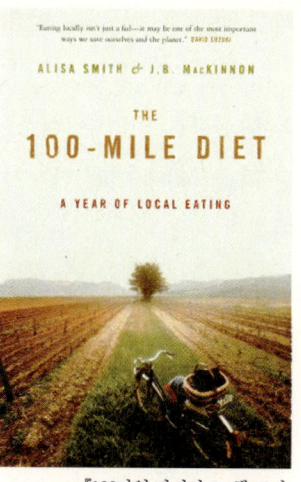

『100마일 다이어트』 책 표지.

'100마일 다이어트'란 말이 짧은 기간 널리 알려졌다. 사람들이 이 운동에 관심을 갖는 이유가 뭐라고 보는지?

캐나다인 80퍼센트가 도시에 산다. 도시와 농장이 매우 멀다. 과거 히피들은 자신의 주장을 펼치기 위해 도시를 떠났지만 우리는 도시 안에서 삶을 변화시키고자 한다.

지난 10년간 점차 작은 유기 농업 농장이 각광을 받고 있다. 지역 먹을거리가 맛이 좋고 신선하다는 사실을 주방장들이 먼저 알아챘다. 밴쿠버에서는 주방장의 사회적 영향력이 큰데 이들이 지역 먹을거리를 애용하면서 밴쿠버 시민 사이에서 지역 먹을거리의 중요성이 잘 알려지게 됐다.

100마일 내에서 안 나는 식품, 커피 같은 것도 먹지 말자는 건가?

모든 것을 다 포기하라고 강요할 수는 없다. 우리는 사람들에게 '가능한 한' 지역 먹을거리를 먹으라고 한다. 나는 커피를 마시지 않지만 커피를 좋아하는 사람도 있으니까.

　다만 우리는 활동 초기 일 년 동안만 한정해서 엄격하게 100마일 내의 농산물을 먹었다. 식품이 어떤 경로를 통해 유통되는지, 대량 생산된 먹을거리에 어떤 한계가 있는지 알아내기 위해서였다. 당시 가장 어려웠던 게 100마일 이내에서 나는 밀가루를 찾을 수가 없었던 것이다. 두부를 만드는 콩 종류도 여기서 수천 마일 떨어진 온타리오에서만 났다. 그래서 일곱 달을 감자만 먹고 살기도 했다.

밴쿠버 일반 식료품점에 가보니 미국, 특히 캘리포니아산 수입 농산물들이 많았다. 100마일 다이어트를 실천하는 데 어려움이 많을 듯하다.

캘리포니아는 농업 환경이 좋지만, 캐나다는 좀 다르다. 슈퍼마켓에서 캘리포니아산 농산물을 제외한 채 지역 먹을거리를 찾아보기 어려운 게 사실이다. 우리는 지역 먹을거리 운동에 참여하려면 농민장터에 찾아가는 등 시간과 노력을 들여야 한다고 본다. 밴쿠버에서는 매주 수요일과 토요일에 농민장터가 열린다.

캐나다에는 이주민이 많다. 그들이 100마일 다이어트를 실천할 때 어려움이 있지 않을까?

파파야나 망고 같은 열대과일과 달리 상당수 아시아 농작물이 여기서 자랄 수 있다. 다시 한 번 말하지만 우리는 사람들에게 '가능한 한' 100

마일 내에서 생산된 먹을거리를 권유하는 것이지 모든 음식을 그렇게 하라고 강요하지는 않는다.

내 생각에는 한국에서는 100마일 운동이 좀 더 쉬울 것 같다. 주민들이 전통적으로 먹던 식량들이 대부분 한국에서 자라지 않나. 여기는 기존 영토에서 자라지 않던 밀가루가 주식이 됐기 때문에 우리 운동도 고생을 많이 했다.

캐나다 정부에서 지역 먹을거리 운동에 대한 정책적 지원이 이뤄지고 있나?

캐나다에는 연방 정부와 지방 정부가 있다. 밴쿠버 시 차원에서는 지역 먹을거리 운동이 참 중요하다고 생각하는 사람들이 많다. 일반적으로 사람들의 관심도 많은 편이다. 그러나 연방 정부 차원에서는 그다지 큰 관심이 없다.

밴쿠버는 30년 전부터 시

지붕 위, 뒤뜰 등 비어 있는 주변의 공간은 어디든 텃밭이 될 수 있다.

외각 지역 녹지 개발을 제한해 농민들이 경작을 할 수 있었다. 그러나 최근 도시가 확장되고 주택 개발 바람이 불면서 이 제한을 해제하고 있다. 지역 먹을거리 운동이 확산되려면 소농들에게 교외 농경지를 저렴하게 임대하고, 농민장터 터를 내주는 등 정부 정책이 병행돼야 한다.

한국 정부는 한미 FTA를 추진해왔다. FTA가 발효된다면 한국 농업의 희생이 불가피한 상황이다. 한국인들에게 조언을 해달라.

만약 정부가 지역 먹을거리에 반하는 정책을 펼친다면 매우 어려운 상황이 될 것 같다. 미국과 캐나다 역시 지난 30~40년간 이처럼 소농을 죽이는 정책이 꾸준히 진행돼왔다. 하지만 시민들이 나서서 지역 소농이 생산한 농산물을 구입하고 농민에게 농산물을 팔 수 있는 공간을 마련해준다면 농업 위기를 극복할 수 있을 것이다. 한국이 우리가 겪었던 착오와 실수를 반복하지 않길 바란다.

　FTA는 농산물 품종 보호와 관련해서도 심각한 문제점을 안고 있다. 한국의 경우에도 각 식료품점에서 어디서 온 어떤 종류의 먹을거리인지 제대로 표시하지 않고 파는 경우가 많은 것으로 알고 있다. 당근을 예로 들면, 각 나라 각 민족마다 먹어오던 종류는 다 다른데 식료품점에서는 '당근'이라는 이름 하나로 이들을 뭉뚱그려 파는 거다. 이 상태에서 FTA가 심화될 경우 지역 고유 품종은 사라지고 종자가 없어져버릴 수도 있다. 현재 캐나다에서도 그런 문제점이 나타나고 있다.

100마일 다이어트가 경제적으로나 시간적으로 여유 있는 사람들의 운동이라는 생각도 든다.

그렇지 않다. 나는 사람들의 삶을 두 부류로 나눌 수 있다고 본다. 만약 일만 열심히 한다면 시간은 없겠지만 돈을 많이 벌 수 있고, 돈을 적게 번다면 시간을 내 농민장터에 가서 식품을 싸게 살 수 있다.

북아메리카에서는 첫 번째 부류의 생활이 좋지 않다는 인식이 확대되고 있다. 그것은 '삶'이 아니다. 지역 먹을거리 운동은 그런 인식의 변화에서도 영향을 받았다. 일에만 매인 삶은 자신의 것이 아니라고 여긴 사람들은 좀 더 자연 친화적인 삶을 고민하기 시작했고, 자신이 먹는 음식에 좀 더 많은 관심을 기울이기 시작했다.

우리 북아메리카인은 제대로 된 방향이 아닌 길로 아주 많이 걸어왔다. 한국인이 이런 오류를 반복하지 않았으면 한다.

먹을거리만 바꾸면 지구가 살아날까?

도시에서 농사를 짓고 지역 먹을거리를 이용하는 이유는 다양하지만, 가장 중요하게 언급되는 것은 환경이다. 먹을거리가 수백~수만 킬로미터를 이동하며 배출하는 이산화탄소 같은 온실가스를 줄여야 지구 온난화를 막을 수 있다는 설명이 이어진다. 실제로 원거리를 이동한 먹을거리가 배출하는 온실가스는 일상생활에서 배출하는 온실가스의 10~20퍼센트를 차지한다.

하지만 지역 먹을거리 운동을 놓고 같은 맥락에서 비판이 제기된다. 먹을거리만 바꿔서는 온실가스를 줄이는 데 한계가 있기 때문이다. 시티파머City Farmer 레벤스턴 대표는 그 자신이 도시에서 농사를 짓는 운동을 이끌어온 장본인이지만 지역 먹을거리가 인기를 끌고 있는 현상이 마냥 긍정적이지는 않다.

레벤스턴 대표는 "이상적인 세계를 만들기 위해서는 지역 먹을거리도 중요하다"고 강조하면서도 얼른 생각해도 답이 뻔한 질문을 던졌다. "그러나 멕시코로 사람이 비행기를 타고 날아가는 것과 멕시코의 먹을거리가 미국으로 건너오는 것 중 어떤 것이 더 이산화탄소를 많이 배출할까?" 그의 말은 이어졌다.

만약 당신이 지역 먹을거리를 중요하게 여기면서도 정작 휴가 때는 외국으로 나간다고 치자. 비행기는 이산화탄소 같은 온실가스 배출의 주범이다. 어떤 비행기는 먹을거리를 나르고, 어떤 비행기는 바닷가로 가는 사람들을 나른다. 우리가 사람들이 비행기로 거리낌 없이 이동하는 것을 내버려두면서, 먹을거리 운송만 비판하는 게 과연 바람직한가?

또 다른 비판도 있다. 캘리포니아주립대 산타크루즈 캠퍼스의 줄리 구트만Julie Guthman 교수는 『소농의 꿈 : 캘리포니아 유기 농업의 패러독스Agrarian Dreams : The Paradox of Organic Farming in California』를 저술한 학자다. 그는 좀 더 나아가 지역 먹을거리 운동을 두고 "한마디로 웃기다ridiculous"고 힐난한다.

구트만 교수는 "먹을거리가 세계적으로 불필요하게 유통되는 현상을 반대하는 것은 나쁘지 않지만 지역 먹을거리가 반드시 윤리적인 소비라고 보는 것은 무리"라

지역 먹을거리가 인기를 끄는 것은 바람직한 현상이다.
그러나 먹을거리만 바꾼다고 환경이 보호되고 세상이 달라질 수 있을까?

고 말했다. 그는 특히 세계에서 가장 농업에 적합한 환경을 갖추고 있고 실제로 생산량도 많은 캘리포니아에서 벌어지는 지역 먹을거리 운동은 '공정성'에 어긋난다고 지적했다.

그는 "세계 먹을거리 구조의 공정성equity을 따졌을 때, 과연 생태적으로, 경제적으로 부유한 캘리포니아 같은 지역에서 먹을거리가 '지역화'되어야 할까"라고 되물으며 "만약 수입 농산물에 의한 타격이 심한 지역이라면, 지역 먹을거리 운동이 필요하겠지만 캘리포니아에서 지역 먹을거리 운동을 펼친다면 또 하나의 폭식 행위"라고 말했다.

구트만 교수는 "더 근본적으로 먹을거리 문제를 해결하려면 식량 정책과 무역 구조의 변화에 관심을 가져야 한다"고 강조했다. 그는 "미국의 식량 정책은 세계적으로 봤을 때 매우 이기적이다. 미국 농무부가 자국 농민들에게 보조금을 지불하면서 수출을 돕고 있다. 이는 한국뿐만 아니라 다른 국가의 많은 농민들에게 피해를 끼치고 있다"고 지적했다.

내 주장의 핵심은 바로 이것이다. 그러니까, 지역 먹을거리만 구입하면 끝일까? 그렇지 않다. 우리는 정부의 심각한 농업 수출 보조금 문제에도 관심을 기울여야 한다. 그 보조금 때문에 미국 농산물이 세계에서 너무 싸게 팔리고, 또 결국 다른 농민들을 망하게 하기 때문이다.

지역 먹을거리와 도시 농업이 환경을 살리고, 농민을 살리기 위해서 벌이는 활동이라는 점은 분명하다. 그러나 먹을거리를 바꾸는 것은 단지 시작일 뿐이다. 밥상혁명이 진짜 '혁명'이 되기 위해서는, 먹을거리를 둘러싼 온갖 문제를 밥상만의 문제가 아니라 세상의 문제로 인식해야 한다. 🍅

| 읽을거리 | ··

- 『생태도시 아바나의 탄생』(요시다 타로 지음, 안철환 옮김, 들녘 펴냄)

  1990년대 초반 석유 공급이 끊긴 쿠바가 위기를 어떻게 극복하는지를 살핀 책이다. 농촌의 먹을거리가 도시로 공급되지 못하면서 끔찍한 기아 사태에 직면한 쿠바는 도시의 공터, 뒤뜰, 텃밭 등 농사를 지을 수 있는 모든 땅에서 유기 농업으로 먹을거리를 생산하는 도시 농업을 시작한다.

- 『굿바이, 스바루』(덕 파인 지음, 김선형 옮김, 사계절 펴냄)

  최근 미국, 캐나다 등에서는 지역 먹을거리 등 지역에 기반에 둔 삶을 실천하는 지식인의 기록이 봇물처럼 쏟아지고 있다. 이 책도 그것 중 하나다. 전 세계의 분쟁 지역에서 기자로 생활했던 저자가 귀농해 온갖 (내면과 외부의) 장애물을 뚫고 지역에 기반을 둔 삶으로 전환하는 과정을 담았다.

8장

우리 아이 급식, 언제까지 이대로 둘 건가요?

2005년 2월, 한 방송 프로그램이 영국을 충격으로 몰아넣었다. 영국의 유명한 요리사 제이미 올리버^{Jamie Oliver} 씨가 진행하는 「제이미 스쿨 디너^{Jamie's School Dinners}」가 영양은 없지만 열량만 높은 싸구려 냉동식품, 즉석식품을 학생에게 공급하는 학교 급식 현장을 고발한 것이다. 2006년 한국에서 발생한 '불량 급식' 파동의 영국판인 셈이다.

　비만 문제가 심각한 가운데 "잘 먹게 해주세요^{Feed Me Better}"라는 구호를 내세우며 네 차례에 걸쳐 방송된 이 프로그램은 큰 파장을 몰고 왔다. 결국 영국 정부는 2006년부터 3년간 2억 8,000만 파운드(약 5,000억 원)를 학교 급식 개선에 투입하기로 했다. 2006년 9월부터 학교에서 소금, 설탕, 지방이 많은 먹을거리가 추방된 것도 추가적인 성과였다.

　이 프로그램은 지난 2006년 9월 18일 교육방송^{EBS}이 「우리 학교, 급식이 달라졌어요」라는 제목으로 방영해 국내에서도 주목을 받았다. 그러나 정작 프로그램이 방송된 지 4년이 된 영국에서는 이 프로그램이 초래한 문제점을 지적하는 목소리가 높았다. 바로 이 프로그램에 지역 먹을거리가 빠져 있다는 것.

지역 먹을거리 없이
학교 급식 개선도 없어

영국 런던시의 먹을거리 정책 개혁을 주도하는 '런던푸드링크London Food Link'의 코디네이터 벤 레이놀즈Ben Reynolds 씨는 "올리버 씨가 제시하는 먹을거리는 '건강에 좋은 healthy' 것일지는 모르지만 '지속 가능한 sustainable' 것이라고는 볼 수 없다"고 비판했다. 그가 생각하는 지속 가능한 먹을거리는 바로 지역 먹을거리이다.

영국에서 학교 급식은 학생의 부모가 원할 때만 신청한다. 학교 급식을 신청한 부모는 한 끼당 1.5파운드(약 3,000원)를 내야 한다. 정부는 학교 급식의 먹을거리에 들어가는 재료를 사는 데 일부를 보조할 뿐이다. 레이놀즈 씨는 "올리버 씨의 프로그램이 방영되자마자 학교 급식 신청을 취소하는 부모가 급증했다"고 설명했다.

그리고 그는 "올리버 씨의 프로그램의 목적은 학교 급식을 개선하려는 것이었지만 정작 학교 급식 자체가 폐기당할 수 있는 상황을 초래했다. 정부가 학교 급식에 대한 지원을 1인당 0.5파운드에서 0.7파운드로 늘렸지만 이런 분위기를 바꾸기에는 역부족이었다"고 설명했다.

지속 가능한 급식 환경을 만드는 데에는 지역 먹을거리가 필수 요소다.

비교적 형편이 좋은 집안의 아이는 학교 급식 신청을 취소하고 도시락을 가져올 수 있었다. 첼시^{Chelsea}처럼 지역 주민의 소득이 높은 부자 지역은 구청에서 모든 학교 급식에 유기 농업으로 생산된 먹을거리를 공급할 수도 있었다. 가장 큰 피해자는 구청의 보조로 학교 급식을 신청한 가난한 집안의 아이들이었다.

지역 먹을거리가 가져온
캠던의 기적

　　　　　　　　　　　　　이런 상황에서 영국의 학교 급식을
실질적으로 개선한 것은 올리버 씨의 프로그램이 아니라 바로 지역 먹
을거리였다. 런던의 캠던^{Camden}이 대표적인 예다. 이 지역의 학교 급식
은 질이 좋지 않기로 유명했다. 지역 주민의 소득 수준이 낮아 캠던구
청에서 주는 보조금으로 학교 급식을 운영하고 있었기 때문이다. 물론
그 대상은 지역의 가난한 아이들이었다.

　캠던구청은 2005년부터 지역의 학교 급식에 공급되는 먹을거리를
지역 먹을거리로 대체하기로 했다. 레이놀즈 씨는 "영국에서도 WTO,
EU 등을 의식해 공적인 구속력을 갖는 문서에 '지역^{local}'이라는 단어를
사용하는 것을 기피하고 있다. 이를 극복하고자 캠던구청은 다른 묘안
을 짜냈다"고 설명했다.

　캠던구청은 먹을거리를 공급하는 기업과 새로 계약을 체결할 때, '지
역'이란 말 대신 '제철에 난^{seasonal}', '신선한^{fresh}', '지속 가능한' 등의
표현을 사용했다. 사실상 런던 인근에서 생산한 먹을거리를 사용할 것
을 계약서를 통해 강제한 것이다. 일 년 만에 캠던의 학교 급식은 추가
비용이 거의 없이 놀랄 만큼 좋아졌다.

　캠던의 성공 사례가 널리 알려지자 런던의 다른 지역도 학교 급식에
공급되는 먹을거리를 속속 지역 먹을거리로 바꾸고 있다. 2007년 5월
현재 캠던과 같은 방법으로 계약을 체결해 지역 먹을거리를 공급받는
구는 런던의 35개 구 중에서 8개 구로 늘었고, 앞으로 계약을 갱신하려
는 다른 구도 지역 먹을거리 도입을 검토하고 있다.

'제철에 난', '신선한', '지속 가능한' 먹을거리는 곧 지역 먹을거리의 다른 표현이다.

아이 건강도 살리고
지역 경제도 살린다

　　　　　　　　　지역 먹을거리가 학교 급식을 바꾼
예는 런던뿐만이 아니다. 영국 콘월Cornwall은 초 · 중등 학교의 급식에
지역 먹을거리를 공급하기로 하고, 연간 105만 파운드(약 19억 5,000만
원) 상당의 계약을 지역 먹을거리를 공급하는 기업과 체결했다. 이 계
약을 따낸 4개 지역 기업은 연간 35만 파운드(약 6억 3,000만 원) 상당의
매출을 안정적으로 보장받을 수 있게 됐다.

영국뿐만이 아니다. 2000년 이탈리아의 몇몇 지방 정부가 유기 농업으로 생산된 지역 먹을거리를 학교 급식에 공급하기로 결정하면서 2004년 현재 이탈리아 초등학생의 4분의 1이 지역 먹을거리 학교 급식을 공급받고 있다. 미국에서도 지역 농민과 학교 식당을 연결하는 프로그램farm-to-school이 2004년 현재 22개주 400개 학군에서 시행 중이다.

줄스 프리티 교수는 "학교 급식에 지역 먹을거리를 공급하면 아이에게 질이 좋은 먹을거리를 제공할 수 있을 뿐만 아니라 여러 가지 긍정적 효과를 낳을 수 있다"고 지적했다. 그는 "우선 지역 농민은 자신이 생산한 먹을거리를 안정적으로 구매할 단골을 만들어서 안정적으로 소득을 얻을 수 있다"고 설명했다.

프리티 교수는 "지역 먹을거리를 학교 급식에 공급하는 지역 기업 역시 안정적인 거래처를 확보할 수 있기 때문에 지역 경제 안에서 돌아야 할 돈이 초국적기업으로 성장한 대형 할인점으로 새나가는 것을 막을 수 있다"고 지적하면서, "먹을거리를 싣고 영국 전역을 돌아다니며 석유를 낭비하는 자동차 숫자도 줄어든다"고 덧붙였다.

농장에서 학교까지, 지역 먹을거리의 '힘'

지역 먹을거리의 힘을 보여준 또 다른 예는 미국 캘리포니아에서 찾아볼 수 있다. 캘리포니아주립대학 산타크루즈 캠퍼스. 교문부터 차로 5분을 달려도 건물이 보이지 않을 정도로 넓은 캠퍼스다. 당연히 이 캠퍼스 구내식당의 수요도 많다. 이 캠퍼스 구내식당은 하루 8,000끼를 공급한다.

이 구내식당은 '소덱소Sodexho의 밥'이었다. 소덱소는 멕시코, 미국, 캐나다 등 북아메리카의 기업, 병원, 학교 약 6,000곳의 급식 위탁 운영을 맡은 미국 최대의 급식 업체다. 산타크루즈 캠퍼스 구내식당 역시 30년간 소덱소가 위탁 운영을 맡았다. 소덱소 없는 구내식당은 상상할 수조차 없었다.

지난 2004년 산타크루즈 캠퍼스 행정 당국은 소덱소와의 30년 계약을 해지했다. 이 캠퍼스의 대학생들이 6개월간에 걸쳐서 소덱소의 열악한 노동 조건을 고발하며 '소덱소를 몰아내자!Dump Sodexho!' 캠페인을 진행했기 때문이다. 여기서 끝이 아니다. 이야기는 그때부터 시작됐다.

소덱소를 쫓아낸 학생들은 대안을 마련하고자 머리를 맞댔다. 이 과정의 중심에서 활동했던 '농업생태학 및 지속 가능한 먹을거리 연구소 The Center for Agroecology & Sustainable Food Systems·CASFS' 낸시 베일Nancy Vail 연구원은 "학생들은 학생, 직원, 지역 농민 등이 참여하는 위원회를 만들자고 제안했고, 이것을 새로운 구내식당의 지배인이 받아들이면서 '농장에서 대학까지farm-to-college' 운동이 시작됐다"고 회고했다.

구성된 위원회에서 구내식당의 새로운 구매 방침이 정해졌다. 산타크루즈 캠퍼스 반경 250마일(약 400킬로미터로 캘리포니아 주의 폭의 길이다) 안에서 유기 농업으로 생산된 지역 먹을거리를 구입하기로 한 것. 먹을거리를 생산하는 농장의 노동자가 정당한 임금과 복지 혜택을 받는지 여부도 확인해 구매 결정에 반영하기로 했다.

2009년 현재 산타크루즈 캠퍼스 내에 있는 다섯 개의 구내식당은 모두 인근 일곱 곳의 농장에서 유기 농업으로 생산된 지역 먹을거리를

캘리포니아주립대학 산타크루즈 캠퍼스의 '농장에서
대학까지' 운동을 이끈 낸시 베일 CASFS 연구원(위)과
팀 갈라누 씨(아래).

구매한다. 이 산타크루즈 캠퍼스의 '농장에서 대학까지' 운동의 성공은 곧바로 캘리포니아주립대학의 다른 캠퍼스에 다니는 학생을 자극했다. 2004년 10개 캠퍼스 학생 대표는 연맹을 결성하고 캘리포니아주립대학 행정 당국에 지역 먹을거리 구매를 촉구했다.

학생 시절 '농장에서 대학까지' 운동을 이끌었던 팀 갈라누Tim Galarneau 씨는 "이제 캘리포니아주립대학의 캠퍼스 중에서 소덱소에 급식을 맡기는 곳은 데이비스 캠퍼스밖에 없다. '농장에서 대학까지' 운동은 캘리포니아 주 전역에 있는 200곳 이상의 대학 캠퍼스, 그리고 미국 전역으로 번지고 있다"고 소개했다.

2005년 통계를 보면, 미국 전역 99개 사립대학, 27개 공립대학이 '농장에서 대학까지' 프로그램을 도입했다. 이 중 40퍼센트 이상 대학에서 학생들이 이 프로그램 도입을 요구해서 성사시켰다는 점은 특히 주목해야 할 부분이다. 갈라누 씨는 "학생들이 캠퍼스를 바꾸는 경험을 통해서 자신의 삶을 바꾸고, 또 사회의 질을 높일 수 있었다"고 강조했다.

지역 먹을거리,
농업의 미래를 바꾼다

캐나다 토론토에서 지역 먹을거리 보급에 앞장서온 토론토 먹을거리정책협의회의 웨인 로버츠 씨는 "이런 흐름이 농민을 바꾸는 압력이 될 수 있다"고 지적한다. 그는 "지역에서 생산된 먹을거리는 그것을 생산·가공하는 과정을 소비자가 직접 체험할 수 있다. 이런 과정을 통해서 생산자인 농민은 좀 더 믿을 만한 먹을거리를 생산하고자 유기 농업으로 전환하는 긍정적인 시도를 할 수 있다"고 설명했다.

로버츠 씨는 "학교 급식을 지역 먹을거리로 바꾸는 것은 아이의 미래뿐만 아니라 농업의 미래도 바꾸는 훌륭한 계기가 될 수 있다. 한국에서 학교 급식을 지역 먹을거리로 바꾸는 움직임이 진행된다면 한국 아이의 건강뿐만 아니라 한국 농업의 발전에도 큰 도움이 될 것"이라고 전망했다.

가장 중요한 교육을
대기업 손에 맡기다니!

학교 급식은 그 자체로 중요한 교육이다. 전 세계 곳곳에서 이런 인식이 널리 확산 중이다. 이탈리아 에밀리아-로마냐 지역의 예는 시사적이다. 이 지역은 2005년 현재 35만 명의 학생에게 학교 급식을 통해 지역 먹을거리를 공급하고 있다. 이 지역에서는 학교 급식을 통해 공급하는 지역 먹을거리가 훌륭한 교육의 수단으로 탈바꿈했다.

이 지역의 학교는 학생에게 제철에 난 지역 먹을거리로 만드는 채식 중심의 전통적인 지중해식 식단이 얼마나 건강에 좋은지를 적극적으로 교육한다. 더 나아가 교육 과정에 농장 방문을 포함시켜 학교 급식을 통해 먹는 먹을거리가 어떤 과정을 통해 생산 · 가공되는지를 아이들이 직접 체험할 수 있도록 하고 있다.

일본은 이렇게 학교 급식을 교육과 연결시키는 나라 중에서 가장 돋보인다. 바로 최근 정부 차원에서 도입한 식육食育·먹을거리교육 프로그램이 그것이다. 일본 지바千葉 현 교육청 교육진흥부 학교안전보건과 고가 유키코古賀 裕喜子 영양사는 이곳에서 진행 중인 식육 프로그램을 이렇게 설명한다.

아이는 어디나 똑같다. 다들 생선, 채소를 싫어한다. 억지로 먹이려 해서도, 포기를 해서도 안 된다. 애들이 스스로 생각하도록 질문을 자꾸 던진다. 생선을 싫어하는 아이에게 '생선을 왜 싫어하니?' 이렇게 질문을 하는 거다. 그럼 '뼈 발라내기 싫어요', '맛이 없어요' 등 다양한 대답이 나온다. 그런 말을 하면서 애들은 먹을거리를 한 번 더 생각할 기회를 갖는다.

이런 과정을 반복하면서 자연스럽게 스스로 생선, 채소를 먹는 방법을 아이와 같이 찾아간다. 시간은 걸리지만 이런 과정이 생선을 억

일본에서 먹을거리 교육은 중요한 교육 과정의 하나로 여겨진다.

지로 먹이는 것보다 훨씬 효과적이다. 그러다 보면 효과적인 교육 방법도 찾을 수 있다. 아이들은 피망을 아주 싫어하지만, 자기가 기른 피망은 아주 잘 먹는다.

도쿄 도 에도가와江戶川 구는 아예 2007년 11월부터 1년에 하루 '고마츠나 급식의 날'을 마련했다. 고마츠나는 일본 전통 채소다. 이날 에도가와 내 106개 초·중학교에서 공급된 5만 7,000끼에 총 1.7톤의 고마츠나가 사용됐다. 이 행사를 담당하는 에도가와 구청 시라이 소자부로白井 正三郎 부장은 "아이들이 좋아하는 화채, 빵 같은 요리는 고마츠나가 들어가도 인기가 있었다"고 자랑했다.

이처럼 일본에서는 먹을거리 교육이 각 지방자치단체별, 학교별로 활발하게 전개되고 있다. 급식을 단순히 먹을거리를 제공하는 과정이 아닌 '또 다른 교육'으로 보는 것이다. 지난 2005년 식육기본법이 제정되면서 먹을거리 교육은 단순한 특별 활동 차원을 넘어 학교별 의무사항으로 자리를 잡았다.

일본의 '먹을거리'가 없어질 위기에 있다

지난 2005년 제정된 식육기본법의 내용을 보면, 식생활 변화가 가져온 건강 문제와 식량 자급률 하락에 대한 일본 정부의 위기의식이 확연히 드러난다. 이 법은 가정, 어린이집, 학교, 지방자치단체 등 다양한 주체들이 먹을거리를 다음 세대에게 교육할 권리가 있다고 명시하고 있다. 이 법은 전문前文에서 "아이들이 풍부한 인간성을 키우고 살아가는

힘을 몸에 익히기 위해
서는 무엇보다도 '먹을
거리'가 중요하다. 지금
다시, 먹을거리 교육을
살아가는 데 있어서의
기본이며, 지육 · 덕육 ·
체육의 기초가 되어야

급식은 먹을거리 교육의 핵심이다.

할 것으로 자리매김하는
것이 필요하다"고 지적했다.

이 법은 이어서 "국민의 식생활에서 영양 불균형, 불규칙한 식사, 비만과 같은 생활 습관병 증가, 과도한 다이어트, 먹을거리의 안전 문제, 외국 의존 문제가 생기고 있다. 풍부한 산과 물로 둘러싸인 자연 아래서 선대부터 길러온 지역의 다양성과 풍부한 미각, 문화의 향기가 넘치는 일본의 먹을거리가 없어질 위기에 처했다"고 밝혔다.

식육기본법은 학교 내 교육에만 한정돼 있지 않다. 일본 정부는 총리를 회장으로 25명 정도로 구성된 식육추진회의를 운영한다. 이 회의에서 식육추진기본계획을 마련한다. 2006년 3월 처음 마련된 식육추진기본계획에 따라 2010년까지 정부, 지방자치단체 차원에서 다양한 사업이 전개되고 있다. 또 이 회의는 사업 경과를 매년 국회에 보고서로 제출해야 한다.

이 계획 가운데 특히 눈에 띄는 내용은 뚜렷한 목표치 설정이다. 일본 정부는 먹을거리 교육을 통해 아침식사를 거르는 초등학생의 비율을 2000년 4퍼센트에서 2010년까지 0퍼센트로 줄이기로 목표를 세웠다. 또 학교 급식에서 지역 농산물 사용 비율을 2004년 21퍼센트(식재료 기준)에서 2010년 30퍼센트 이상으로 늘리기로 했다. 농사를 체험할 수 있는 교육 농장이 설치된 기초 지방자치단체의 비율도 60퍼센트 이상으로 늘려나가기로 했다.

직접 키우고, 직접 만들고…… 체험 교육은 강하다

도쿄 동쪽, 나리타 공항이 위치한 지바 현. 대도시와 가까운 농업 지역인 이곳은 일본 내에서도 풍부한 농업 생산량을 자랑한다. 이 지바 현은 20년 이상 급식 교육을 해온 것으로 잘 알려져 있다. 일본 정부가 추진하는 식육기본법은 바로 이 지바 현의 먹을거리 교육이 모태다.

맛있는 지바 현의 채소로 찌개 요리를 만들어봐요!

추운 겨울 밤, 가족끼리 뜨거운 찌개 앞에 오순도순 둘러앉는 것은 큰 즐거움 중 하나죠. 찌개 요리는 비타민, 단백질, 지방 등의 영양소가 균형 있게 들어 있을 뿐만 아니라 재료의 맛과 향이 녹아 있어 맛있어요. 또 몸이 따뜻해지는 등 좋은 점이 무척 많아요.

지바 현은 2005년 농업 산출액 전국 4위, 채소 산출액 전국 1위의 고장입니다. 파, 무, 쑥갓, 당근처럼 찌개에 들어가는 채소는 지바 현에서 생산된 게 최고죠. 고기와 생선을 함께 넣으면 더욱 맛있는 '지바 찌개' 완성~.

현재 지바 현 내 초등학교에서는 현에서 자체 제작한 1·2학년, 3·4학년, 5·6학년용 먹을거리 교육 교과서가 쓰이고 있다. '씩씩한 지바 어린이'라는 제목이 붙은 교과서에는 건강한 먹을거리, 영양소, 위생

지바 현(아래)과 일본 문부과학성(위)이 각각 만든 초등학교용 먹을거리 교과서.

적인 식생활 등 먹을거리에 관한 다양한 정보와 지바 현에서 생산되는 먹을거리에 대한 다양한 이야기가 담겨 있다.

지바 현 교육청 고가 영양사는 "먹을거리 교육의 교과 시수가 따로 정해져 있지는 않다. 학교에서는 자율적으로 사회, 가정 수업 등에서 활용할 수도 있고, 또는 급식 시간 전후로 먹을거리 교육 활동을 집어 넣기도 한다"고 말했다. 그는 "특히 아이들은 자신이 직접 요리를 만드는 시간을 좋아하는데, 교과서에 활용 부분이 잘 마련돼 있어서 여러모로 도움이 된다"고 덧붙였다.

교과서에는 지바 현 채소를 활용한 지바 찌개뿐만 아니라 맛있는 도시락 콘테스트에서 우승한 작품 사례, 감자와 고구마를 이용한 간식 만들기 등이 사진 및 그림으로 상세히 나와 있다. 생선뼈를 싫어하는 아이들을 위해 3·4학년 교과서에는 '생선뼈 바르기' 방법도 친절하게 알려준다.

또 식육기본법이 제정된 이후부터 지바 현 교과서 외에 문부과학성

지바 현 교육청 고가 유키코 영양사.

이 만든 초·중학교용 교과서도 함께 활용되고 있다. 문부과학성이 만든 중학교용 교과서에는 일본 내 각 지방의 향토요리가 일본식 식생활의 장점과 함께 소개돼 있다. 한국 교과서에서 이런 내용을 찾아볼 수 있을까?

육류를 먹는 습관이 없었던 일본인에게 중요한 단백질 공급원은 어패류와 콩이다. 특히 콩은 옛날부터 일본 각지에서 이용되어온 소중한 먹을거리다. 콩으로 만든 두부는 나라 헤이안 시대에 중국에서 전해졌다고 여겨지며 양질의 단백질을 함유하고 있는 식품으로서 오랜 세월에 걸쳐서 애용되어왔다.

지바 현에서 먹을거리 교육이 본격적인 궤도에 올라선 것은 1999년 전부터다. 초등학교 교사 출신으로 지바 현 교육청에서 일하는 야나기바시 노부히코柳橋 伸彦 주사는 "아이들이 우리 지역에서 나는 먹을거리를 먹고, 생산 과정을 직접 보게 해 건강한 먹을거리와 친숙해지는 기회를 제공하자는 게 목적"이라고 설명했다.

이어서 야나기바시 주사는 "공교육에서 이뤄지는 먹을거리 교육이 가져다주는 긍정적인 효과는 끝이 없다"고 말했다. 그는 "특히 지바 현이 주도하는 지산지소地産地消 운동이 지속적으로 이어지려면 먹을거리 교육이 필수"라고 강조했다. 농업 생산이 풍부한 지바 현은 일찍부터 지산지소 운동이 활성화된 지역 가운데 하나다.

일본 전통 채소 고마츠나(위). 학생들은 손수 먹을거리를 기르고 수확하며 지역 먹을거리와 더욱 가까워진다(아래).

교육은 단순한 정보 제공으로 한정되지 않고 체험 학습으로 이어진다. 도쿄 도 내에 있는 에도가와 구의 경우 화훼, 고마츠나 재배가 지역 내에서 생산되는 농산물의 전부다. 그러나 에도가와 구청의 시라이 부장은 "에도가와 역시 먹을거리 교육과 지산지소 운동에서는 결코 뒤지지 않는다"고 강조했다.

2007년 10월 에도가와 구 초등학교들은 지역 내 고마츠나 재배 농민과 연계해 학생들이 직접 파종을 하는 체험 학습을 진행했다. 한 달 뒤 열린 고마츠나의 날에 학생들은 "우리가 직접 씨를 뿌렸기 때문에 평소보다 만 배나 더 맛있다", "동네 밭에서 자라고 있다는 걸 알고 나서 고마츠나가 더 좋아졌다"는 폭발적인 반응을 보였다.

생산자와 영양사가 상의해서 정하는 급식

일본 학교는 급식을 통한 지산지소 운동의 활성화와 먹을거리 교육에도 적극적으로 나서고 있다. 지난 2007년 일본 전체 초·중학교 학교 급식에서 지역 먹을거리를 활용한 비율은 2004년 평균 21.2퍼센트보다 높은 23.3퍼센트였다. 이 중 지역 먹을거리 공급 확대가 사실상 어려운 도쿄(2007년 3.3퍼센트)와 오사카(2007년 2.1퍼센트)를 제외한 지역은 대부분 16~45퍼센트 수준이다.

지바 현 교육청에서 제작한 지역 먹을거리 지도.

특히 지역에서 농산물 생산 비율이 높은 지바 현은 2007년을 기준으로 공급된 전체 식재료 중 39.5퍼센트(중량 기준)가 지바산 먹을거리로 제공됐다. 액수로 따졌을 경우에는 46.5퍼센트가량이었다. 일본 국내산 먹을거리의 비율은 중량을 기준으로 75.9퍼센트, 액수를 기준으로는 82.5퍼센트였다.

일본은 각 학교가 급식을 자체 운영하기 때문에 지역

먹을거리 비중을 늘리기 쉽다. 일본의 학교 급식은 직영으로 운영되는 경우가 많다. 몇몇 학교가 공동으로 급식 센터를 운영하기도 한다. 고가 영양사는 "각 학교마다 배치된 영양사가 주문 내역을 총괄한다. 급식 센터는 각 학교 영양사의 요구에 따라 재료를 구입해 음식을 만들어 공급한다"고 설명했다.

> 비싼 먹을거리를 찾아 쓰는 것보다 적정한 가격선에서 좋은 식재료를 찾는 게 가장 중요하다. 지바 현에서는 가지가 많이 나는데, 가지 하나를 놓고도 납품을 맡은 지역 농협(JA)과 영양사가 같이 회의를 한다. 이번에는 풍작이라든지, 이번에는 흉작이라든지 하는 상황을 함께 공유한다. 이에 따라 급식에 쓸 수 있는 지역 먹을거리의 종류와 양을 결정한다. 가격 역시 생산자와 영양사가 서로 타협하면서 조정 과정을 거친다. 가장 중요한 부분이다.

물론 무한정 지역 먹을거리 비중을 늘리는 데 현실적 어려움도 존재한다. 야나기바시 주사는 "욕심 같아서는 더 많이 지역 먹을거리를 활용하고 싶지만 비용과 양에 있어서 어려움이 있는 게 사실"이라고 토로했다. 도쿄와 인접한 지바 현에서 나는 농산물의 대부분은 도쿄로 공급된다. 이 때문에 학교에서 쓰고 싶어도 못 쓰는 경우가 발생하는 것.

식재료를 대량으로 조달해야 하는 급식의 특성상 연간 공급량을 일정하게 유지하는 것도 문제다. 야나기바시 주사는 "지역 농협과 계약을 맺고 일정량을 계속 공급받고자 계약 재배를 하기도 하지만 날씨 등 변수가 많아 대량으로 조달해야 하는 급식의 특성상 문제가 있다"

고 설명했다.

　이렇게 제공되는 급식비는 초등학교를 기준으로 학생 한 명당 한 달에 4,300엔(약 6만 5,000원). 한 끼에 약 253엔(약 3,900원) 정도이다. 이는 전부 식재료 값으로 쓰이며 인건비, 시설비는 각 지방자치단체에서 부담한다. 고가 영양사는 "밀가루 값이 올라서 앞으로 급식비가 오를 것 같다. 지역 먹을거리 활성화가 더욱 중요한 때가 오고 있다"고 지적했다.

한국은 언제까지 대기업에 아이를 맡길까?

최근 한국에서도 시민단체를 중심으로 먹을거리 교육에 대한 요구가 많아지자 2009년 5월 '식생활교육지원법'이 제정·발효되었다. 법의 기본 틀은 일본을 따라 했지만 그 내용은 비교하기 민망한 수준이다. 심지어 일부 국회의원은 2006년 발생한 CJ푸드의 식중독 사건 후 학교급식을 2010년까지 직영 급식으로 전환하도록 개정된 학교급식법을 다시 무효로 하려는 개정안을 제출했다.

　CJ푸드 식중독 사건을 들은 고가 영양사가 놀란 눈으로 물었다. "한국에서 한국 급식은 정말 대기업이 좌지우지하나요? 어떻게 그 중요한 교육을 대기업에 맡길 수가 있죠?"

한국도 학교 급식은 지역 먹을거리로!

학교 급식에 지역 먹을거리를 공급하자는 움직임은 한국 곳곳에서도 진행 중이다. 특히 전라남도는 2009년 현재 도내 유치원, 초·중·고등학교 2,427곳에서 34만 9,000여 명의 학생에게 유기 농업과 같은 환경 농업으로 생산된 지역 먹을거리를 공급하고 있다. 전남은 2010년에도 592억 원의 예산을 지원할 예정이다.

전남은 지방 재정 자립도가 20퍼센트밖에 안 되는 상황인데도, 2009년 현재 전국의 광역 지방자치단체로서는 유일하게 2007년부터 100퍼센트 환경 농업으로 생산된 지역 먹을거리를 학교 급식에 공급하고 있다. 지방자치단체의 의지만 있다면 전국의 모든 학교 급식을 지금 당장이라도 바꾸는 게 가능한 것이다.

전남은 이런 정책으로 또 다른 효과도 보았다. 전남에서 유기 농업과 같은 환경 농업으로 생산된 먹을거리는 2004년 5만 6,000톤에 불과했으나, 2008년에는 99만 6,000톤으로 열일곱 배나 증가했다. 유기 농업 등으로 생산된 지역 먹을거리를 학교 급식에 공급하는 정책이, 농민들이 환경 농업으로 전환하는 압력으로 작용한 것이다.

이렇게 전남의 학교 급식에 지역 먹을거리가 쓰이게 된 데는 시민의 힘이 컸다. 2003년부터 전남 시민은 직접 나서서 "친환경 및 우리 농산물을 학교 급식에 공급한다"는 내용의 조례를 제정하기 위한 청구 서명에 돌입했다. 전남에서 4만 9,549명이 서명에 참여한 이 조례는 2003년 10월 정식으로 공포됐다.

이 과정에서 조례에 쓰인 "우수 농산물", "우리 농산물"이라는 표현이 문제가 돼 지방자치단체와 중앙 정부가 대립하기도 했다. 당시 정부는 "이런 표현이 수입산의 '내국민 대우 원칙'을 명시한 '관세와 무역에 관한 일반 협정GATT'에 어긋난다"는 입장을 펴왔다. 이런 정부의 입장은 2005년 9월 대법원도 인정했다. 대법원은 "'우리 농산물'이라는 표현은 GATT의 수입산 '내국민 대우 원칙'에 어긋난다"고 판결했다.

그러나 대법원에 조례 제정 무효 가처분 소송을 제기하겠다던 정부가 방침을 철회하면서 이들 조례는 예정대로 시행되었다. 이 조례 덕분에 전남, 제주 등에서 유기 농업을 통해 먹을거리를 생산하는 농가는 안정적인 소득을 올릴 수 있게 됐다. 전남, 제주의 성공에 힘입어 다른 시·도도 편차는 있지만 이런 움직임에 동참하고 있다.

현재 학교 급식에 유기 농업으로 생산된 지역 먹을거리를 공급하려는 움직임이 확대되고 있다. 대구, 대전, 부산, 강원, 경기, 충남, 전주 등에 "학교 급식에 국내 농·수·축산물을 우선 사용한다"는 조례가 제정돼 지역 먹을거리를 학교 급식에 공급하도록 유도하고 있다. 2009년에는 전국 16개 시·도가 학교 급식에 환경 농업으로 생산된 먹을거리 공급을 시작했다.

현재 학교 급식을 위해 쓰는 돈은 연간 3조 1,710억 원(먹을거리 구입 : 2조 1,830억원)이다. 이 중에서 정부, 지방자치단체가 부담하는 돈은 7,543억 원(먹을거리 구입 : 2,491억 원)에 불과하다. 만약 유기 농업으로 생산된 지역 먹을거리를 모든 학교 급식에 공급하려면 약 1조 200억 원이 추가로 든다.

한재각 에너지기후정책연구소 부소장은 "영국 런던 캠던 지역의 예에서 알 수 있듯이 꼭 유기 농업으로 생산된 것이 아니더라도 지역에서 생산된 먹을거리를 학교 급식에 활용한다면, 구매 관행을 바꾸는 것만으로도 추가 비용을 거의 들이지 않고 상대적으로 믿을 만한 먹을거리를 학교 급식에 공급할 수 있다"고 지적했다.

그는 "정부가 학교 급식의 질도 높이고 농업 살리기에도 도움이 되는 지역 먹을거리 이용에 적극 나서야 한다. 우선 학교 급식에 지역 먹을거리를 사용하도록 유도한 다음 순차적으로 예산을 확보해 지역 먹을거리를 유기 농업으로 생산하도록 유도한다면 큰 부담 없이도 두 마리 토끼를 다 잡을 수 있을 것"이라고 덧붙였다. ●

| 읽을거리 | ....

- 『**내가 먹는 것이 바로 나**』(허남혁 지음, 김종엽 그림, 책세상 펴냄)

  먹을거리를 둘러싼 복잡한 문제의 원인과 해법을 청소년의 눈높이에서 설명한 책이다. 오랫동안 먹을거리 문제에 몰두해온 저자의 깊고, 넓은 시각이 쉬운 문장 속에 담겼다. 책 한 권으로 먹을거리 문제를 정리하고 싶은 독자라면 한두 시간을 할애해서 이 책을 읽는 게 가장 좋은 선택이다.

- 『**잡식동물의 딜레마**』(마이클 폴란 지음, 조윤정 옮김, 다른세상 펴냄)

  가정, 학교에서 어른, 아이가 함께 읽기 좋은 책이다. 저자는 관행 농업, 유기 농업, 수렵, 채집 생활 등 먹을거리를 생산하는 네 가지 방법을 체험하고 나서, 그 과정의 경험과 고민을 전한다. 이 책을 덮고 나면 잡식동물로서 살아가는 인간이 오늘날 무엇을 먹어야 하는지 고민할 수밖에 없을 것이다.

9장

이것은 '유행'이 아니라 '생존'입니다

영국 런던의 좁은 지하철 안. 후덥지근한 지하철 안 곳곳에서 샌드위치를 먹는 사람이 눈에 띈다. 식사 시간만 되면 흔히 볼 수 있는 모습이다. 한때 세계를 호령했던 영국이지만 유독 먹을거리 문화는 척박하다. "영국, 하면 연상되는 전통 먹을거리가 무엇이냐"는 질문에 "샌드위치"라고 답하는 사람이 있을 정도다.

더구나 1980년대 중반부터 지금까지 계속되고 있는 광우병 공포로 먹을거리에 대한 신뢰는 땅에 떨어졌다. 일부 여유가 있는 이들은 최근 들어 급성장한 유기 농업으로 생산된 먹을거리를 찾는다. 그러나 대다수 서민은 막연한 불안감을 안고 오늘도 테스코, 세인즈베리 같은 대형 할인점에서 카트에 먹을거리를 싣는다.

결코 한국보다 사정이 낫다고 할 수 없는 이런 영국에서 21세기의 먹을거리 생산·유통·판매의 전 과정을 근본적으로 바꾸는 실험이 진행 중이다. 실험을 앞장서서 주도한 이는 바로 영국 노동당의 맨 왼쪽에 서 있다고 평가받는 빨갱이Red 켄 리빙스턴Ken Livingstone 전 런던시장이다. 그의 실험의 중심에 바로 지역 먹을거리가 있다.

21세기를 바꾸는
빨갱이 켄Red Ken의 실험

2006년 5월 22일 켄 리빙스턴은 자신이 주관하는 런던시청, 농민단체, 시민단체 등이 공동으로 꾸린 '런던푸드London Food Board'를 통해 「런던을 위한 건강하고 지속 가능한 먹을거리Healthy and Sustainable Food for London」라는 보고서를 발표했다. 이 보고서에는 2015년까지 런던시가 추진할 먹을거리 정책의 내용이 담겨 있다.

켄 리빙스턴 전 런던시장.

런던의 먹을거리 정책을 바꾸기 위해 시민단체, 농민단체 등이 꾸린 런던푸드 링크의 코디네이터 벤 레이놀즈 씨는 "런던푸드에서 발표한 정책의 핵심 열쇳말은 '지역 먹을거리'"라고 지적했다. 레이놀즈 씨는 "2015년까지 병원, 학교, 관청 등에서 지역 먹을거리를 구매하도록 한 것이 가장 파장이 클 것"이라고 덧붙였다.

현재 영국의 공공기관은 먹을거리를 소비하는 데 연간 18억 파운드(약 3조 2,400

억 원)를 소비한다. 만약 이 공공기관에서 지역 먹을거리를 구매한다면 지역 농민으로서는 안정적인 판로가 보장된다. 더구나 대형 할인점에 치여 몰락하던 지역 먹을거리 유통·판매에 종사하는 이들까지 안정적인 수입 보장이 가능하다.

영국에서는 먹을거리 구조 전반을 바꾸는 실험이 진행 중이다.

레이놀즈 씨는 "이렇게 공공기관에서 지역 먹을거리에 관심을 가지기 시작하면 자연스럽게 레스토랑처럼 먹을거리를 대량으로 구매하는 곳이 뒤따라갈 것이다. 궁극적으로는 런던에서 소비되는 먹을거리의 대부분을 인근 50킬로미터 이내에서 생산된 먹을거리로 바꾸려는 시도라고 볼 수 있다"고 지적했다.

런던시의 행정을 관리·지원하는 런던청 Government office for London 은 공공기관의 지역 먹을거리 구매를 지원하고자 2007년 6월 14일부터 데이터베이스 서비스를 시작했다. 런던청의 스티븐 타이우 씨는 "어떤 공공기관이 어떤 농가로부터 철마다 무엇을 구입했는지 한눈에 알 수 있어서 공공기관의 지역 먹을거리 구매가 탄력을 받을 것"이라고 전망했다.

병원, 학교에도 지역 먹을거리를……

750만 명이 모여 사는 대도시 런던

에서 지역 먹을거리 중심의 먹을거리 체계를 만드는 게 가능하다면 농촌, 소도시뿐만 아니라 대도시에서도 초국적기업이 주도해온 먹을거리 체계의 근본적인 변화를 모색할 수 있다. 런던에서 먹을거리를 지역 먹을거리로 바꾸는 움직임을 선도하는 곳은 바로 정부에서 운영하는 병원이다.

영국의 먹을거리 개혁을 추진하는 시민·사회 단체의 네트워크인 '서스테인Sustain'의 엠마 호크리지Emma Hockridge 씨는 런던 시와 함께 병원 네 곳에 지역 먹을거리를 공급하는 프로그램을 진행하고 있다. 호크리지 씨는 "네 곳의 병원이 유기 농업으로 생산된 지역 먹을거리를 더 많이 사용하도록 하는 게 이 프로그램의 목표"라고 설명했다.

현재 영국 병원의 1인당 식비는 2.5파운드(약 5,000원)이다. 유기 농업으로 생산된 지역 먹을거리를 공급하려면 1인당 식비가 3.5파운드(약 7,000원) 정도로 올라야 한다. 호크리지 씨는 "당장 이렇게 예산이 늘어나기를 기대하기는 어렵기 때문에 추가 비용이 들지 않으면서도 지역 먹을거리 사용을 확대할 수 있는 방법을 여러 가지 시도했다"고 설명했다.

가장 대표적인 성과는 병원 네 곳 중 직영 급식을 제외한 세 곳에 먹을거리를 공급하는 지역 공급업체를 압박해 지역에서 유기 축산으로 생산된 우유를 사용하도록 한 것이다. 호크리지 씨는 "우유의 질을 높이면서 발생한 비용은 음식물 쓰레기를 합리적으로 줄여서 폐기 비용이 덜 드는 것으로 상쇄했다"고 설명했다.

또 호크리지 씨는 직영 급식을 하는 병원, 지역 먹을거리 공급업체, 지역에서 먹을거리를 생산하는 농민 등을 연결하는 것을 통해 추가 비용을 최소화하면서 병원의 먹을거리 전환을 이끌고 있다. 그는 "이들 병원에 지역 먹을거리를 공급해본 지역 공급업체가 긍정적 반응을 보였기 때문에 다른 병원의 먹을거리 전환에도 가속도가 붙을 것"이라고 전망했다.

스타벅스 가격으로 유기 농업 먹을거리를 먹는다고?

지역 먹을거리로의 전환은 런던 곳곳의 레스토랑에서도 진행 중이다. 런던푸드링크의 벤 레이놀즈 씨는 레스토랑 스물일곱 곳과 공동으로 레스토랑에서 소비하는 먹을거리를 지역 먹을거리로 전환하는 프로그램을 진행 중이다. 레이놀즈 씨는 "런던 전역의 레스토랑 약 1만 2,000곳에 지역 먹을거리를 공급하는 첫걸음을 뗀 셈"이라고 설명했다.

런던 화이트라이온 거리에 위치한 식당 '아바니 오가닉^{Avani Organics'}을 운영하는 피아시 파텔(51) 씨도 이 프로그램에 동참하고 있다. 2007년 2월 문을 연 이 식당은 수개월 만에 하루 1,250파운드(약 250만 원)의 매출을 올리고 있다. 파텔 씨는 현재 하루 250명 정도인 손님을 350명까지 늘리고자 애쓰고 있다.

이곳에서 판매되는 모든 음식은 의사의 자문을 거쳐 유기 농업으로 생산된 먹을거리로만 만든 것이다. 그러나 가격은 런던 시내 곳곳에 위치한 'EAT', '스타벅스' 등에서 파는 샌드위치 가격과 비슷한 3~5파운드(약 6,000원~1만 원) 수준이다. 손님 역시 인근 사무실의 직장인, 대학교의 대학생이다.

이렇게 유기 농업으로 생산된 먹을거리로 만든 음식을 싼값에 공급할 수 있는 이유는 바로 이 레스토랑에서 지역 먹을거리를 소비하기

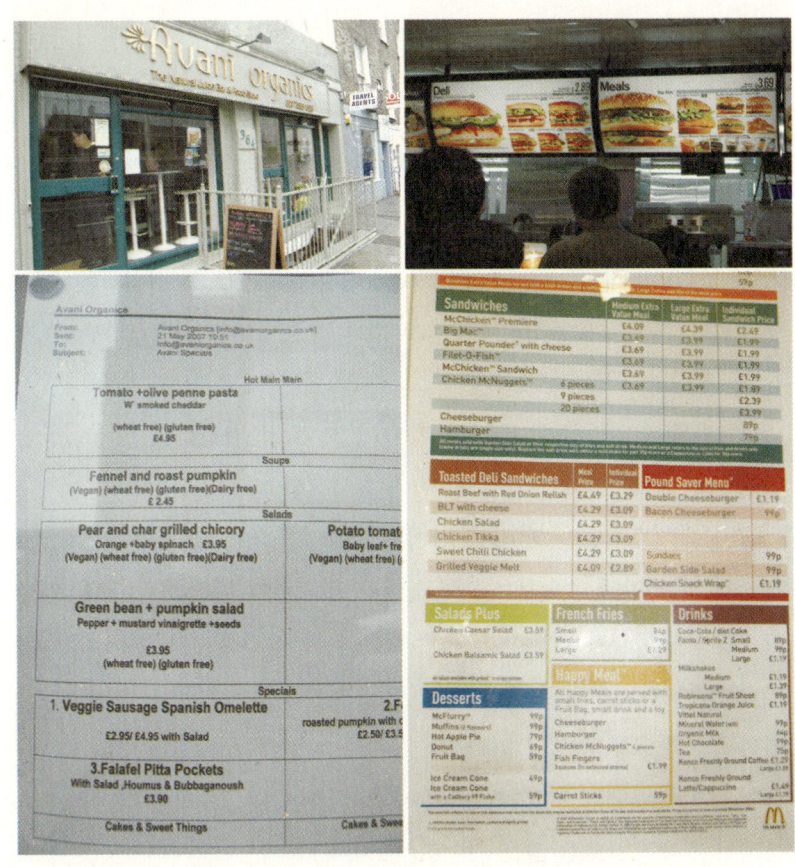

유기 농업으로 생산된 지역 먹을거리로 만든 음식을 파는 아바니 오가닉의 음식 가격은
일반 패스트푸드 식당보다 비싸지 않다.

때문이다. 파텔 씨는 "유기 농업으로 생산된 먹을거리로 요리된 음식을 파는 식당을 준비하면서 농민을 많이 만났다. 농민을 만나보니 유기 농업으로 생산된 먹을거리가 결코 비싼 것이 아니라는 것을 깨달았다"고 지적했다.

파텔 씨는 "지역 농민, 그들과 연계된 도매 시장에 가서 먹을거리를 구입하면 유기 농업으로 생산된 질 좋은 먹을거리를 싸게 사서 손님에게 공급할 수 있다"고 설명했다. 그는 "음식을 제조하는 데 들어가는 거의 모든 재료는 런던 주변 30킬로미터 이내에서 생산된 것이다. 주스의 재료가 되는 열대 과일도 이동 거리를 고려해 구입한다"고 덧붙였다.

지역 먹을거리 '허브'로
도약하려는 도매 시장

그러나 파텔 씨도 고민이 있다. 점점 손님이 많아지면서 지역에서 생산된 먹을거리를 구매하는 양이 많아지자 어쩔 수 없이 품목이 다양하고, 물량이 많은 도매 시장 이용 횟수가 늘어나는 것이다. 레이놀즈 씨는 "파텔 씨처럼 지역 농민과의 연계가 없는 레스토랑의 경우에는 지역 먹을거리를 이용하고 싶어도 그럴 수 없다"며 현실의 벽이 높음을 지적했다.

800년의 역사를 자랑하는 런던의 도매 시장 '뉴코벤트가든마켓New Covent Garden Market'은 런던에서 유통되는 채소, 과일의 3분의 2를 취급하는 곳이다. 영국은 물론 외국 곳곳에서 이동한 채소, 과일이 이곳에

런던 도매 시장 '뉴코벤트가든마켓.'

서 지역의 레스토랑, 학교 급식, 소매 시장 등으로 공급된다. 이곳을 거쳐 가는 채소, 과일의 70퍼센트는 수입산이다.

뉴코벤트가든마켓의 홍보 담당 헬렌 에번스 Helen Evans 씨는 "테스코, 세인즈베리 같은 대형 할인점이 급성장하면서 뉴코벤트가든마켓도 점점 활력을 잃어가고 있다. 이런 위기를 타개하고자 뉴코벤크가든마켓이 지역 먹을거리의 '허브 hub'로 탈바꿈하려는 시도를 계획 중"이라고 밝혔다. 뉴코벤트가든마켓은 2007년 7월부터 3년간의 일정으로 계획을 시작했다.

에번스 씨는 "뉴코벤트가든마켓은 이미 런던 전역에 배달망을 구축해놓은 상태이다. 만약 지역 먹을거리 허브를 구축하려는 계획이 성공한다면 런던에서 지역 먹을거리가 확산되는 결정적인 계기를 마련하게 될 것"이라고 설명했다. 에번스 씨는 "먹을거리를 유통하고자 낭비되는 땅, 석유, 교통 체증과 같은 온갖 자원도 아낄 수 있다"고 덧붙였다.

이런 뉴코벤트가든마켓의 시도는 지역 농민에게도 청신호다. 런던농민장터협회의 셰릴 코언 씨는 "농민장터는 도매 시장에 판매하는 것보다 농민에게 훨씬 부담이 크다"고 지적했다. 농사일에 바쁜 농민이 장터에 직접 나가서 생산한 먹을거리를 파는 것은 품이 훨씬 많이 들기 때문이다.

만약 뉴코벤트가든마켓과 같은 도매 시장에 지역 먹을거리 허브가 마련된다면 지역 농민도 안정적으로 생산한 먹을거리를 공급할 수 있다. 코언 씨는 "다만 이렇게 지역 먹을거리를 취급하는 도매 시장이 생길 경우 생산자와 소비자 간의 거리가 멀어질 수밖에 없어서 문제가 될 수도 있다"고 조심스럽게 걱정을 밝혔다.

지역 먹을거리는 '유행'이 아닌 '생존'

리빙스턴 전 시장은 2008년 지방 선거에서 3선에 도전했으나 실패했다. 전임 대통령, 지방자치단체장의 공적을 모조리 '제로(0)'로 만드는 풍토에 익숙한 한국이라면 빨갱이 켄의 야심찬 시도도 결국 실패로 끝났을 것이다. 그러나 에번스 씨는 전혀 다른 대답을 내놓았다. "리빙스턴 전 시장의 3선과 런던의 먹을거리 전환은 큰 관계가 없다."

에번스 씨는 "뉴코벤트가든마켓은 런던푸드와 긴밀하게 협조하고 있지만 런던시로부터 단 한 푼도 지원을 받지 않는다. 또 리빙스턴 시장이 3선에 실패했지만 지역 먹을거리를 위한 여러 가지 노력은 현 시장에게도 계승돼 계속되고 있다"고 지적했다. 에번스 씨는 한 번 더 강조했다. "지역 먹을거리는 '유행'이 아니라 '생존'이다."

런던의 실험은 세계 곳곳에서 진행 중!

영국 런던의 미래를 구현한 곳은 영국 남서부의 데본 지역이다. 1998년부터 지역 먹을거리 정책을 적극 추진한 이 지역은 10년이 지난 지금 여러 가지 긍정적인 성과를 이끌어냈다. '데번카운티푸드링크 **Devon County Food Links**'는 농민장터, 공동체 지원 농업 프로그램을 마련하는 것과 함께 지방자치단체 차원의 적극적인 지원도 모색했다.

데번카운티푸드링크는 정부 자금을 받아 지역 농민이 생산한 먹을거리를 직접 가공해서 판매할 수 있도록 도움을 줘 가공 과정에서 초국적기업이 개입하는 것을 차단했다. 이 단체는 지역 농민과 지역의 공공기관, 레스토랑, 학교를 연결시켜 지역 먹을거리가 안정적으로 지역 전체로 확산될 수 있도록 했다.

그 결과는 놀랍다. 이런 시도를 통해 데번 지역에는 150개의 일자리, 15곳의 농민장터, 18개의 공동체 지원 농업 프로그램 등이 탄생했다. 또 데번 지역은 900만 파운드(약 180억 원)를 지역 경제로 돌리는 데 성공했다. 이런 결과를 위해 데번 지역이 들인 돈은 50만 파운드(약 10억 원)에 불과했다.

영국 런던 이외에도 캐나다 밴쿠버, 토론토, 미국 버클리, 시카고와 같은 북아메리카의 대도시에서도 '먹을거리정책협의회 food policy council'를 꾸려서 도시의 먹을거리 정책을 바꾸려는 시도를 10년 이상 진행하고 있다. 이들 도시도 지역 먹을거리 확산을 중심으로 지역사회의 경제, 보건, 복지, 환경문제를 해결하려는 다양한 시도를 진행하고 있다.

먹을거리를 바꾸는 일은 다른 도시 문제 해결로도 이어진다.

시민이 나서 먹을거리 문제를 해결한다

오스트레일리아 울런공 대학의 헤더 예트만 Heather Yeatman 교수는 북아메리카의 먹을거리정책협의회의 유형을 크게 다섯 가지로 분류했다.

첫 번째 유형은 먹을거리정책협의회가 지방 정부에 크게 의존하는 형태다. 미국 사우스캐롤라이나 주의 찰스턴은 이 유형을 대표하는 예다. 찰스턴 먹을거리정책협의회는 시청의 한 부서로 설립됐다. 이 먹을거리정책협의회는 시 당국의 아낌없는 지원을 받으며 사업을 진행했으나, 독립성과 전문성 부족으로 1989년 활동을 중단했다.

두 번째 유형은 먹을거리 문제를 고민해온 단체가 꾸린 먹을거리정책협의회. 미국 하트포드 먹을거리정책협의회가 이 유형을 대표하는 예이다. 지방 정부는 조례를 제정해 이 먹을거리정책협의회의 활동을 뒷받침하고, 자문도 받는다. 그러나 지방 정부가 운영, 활동 자금을 지원하는 일은 없다.

세 번째 유형은 개인이 주도해 먹을거리정책협의회를 설립한 경우다. 미국에서는 처음으로 1982년에 먹을거리정책협의회를 설립한 테네시 주 녹스빌이 이 유형에 해당한다. 지방 정부는 조례를 통해 활동을 보장하고, 최저 수준의 지원금을 제공했다. 그러나 운영 자체는 먹을거리정책협의회가 독자적으로 진행했다.

네 번째는 지역단체가 주도해 먹을거리정책협의회를 만들고, 지방 정부 공무원이 회원으로 참여하는 유형이다. 미국 필라델피아 먹을거리정책협의회가 이 유형을 대표하는 예이다. 먹을거리정책협의회는 지방 정부와 독립적으로 활동하지만, 회원으로 참여하는 공무원을 통해서 먹을거리정책협의회의 결정을 지방 정부가 수용하도록 권고한다.

밴쿠버 먹을거리정책협의회 활동 모습.

다섯 번째는 지방 정부가 먹을거리정책협의회를 꾸리고 운영, 활동

자금을 부담하는 경우다. 다만 먹을거리정책협의회의 활동은 지방 정부와 독립해서 진행된다. 캐나다 토론토 먹을거리정책협의회가 바로 이 유형의 예이다. 북아메리카의 먹을거리정책협의회의 모범으로 꼽히는 토론토 먹을거리정책협의회 활동을 통해서 먹을거리정책협의회의 특징을 좀 더 자세히 살펴보자.

식량 안보는 가장 현명하고 윤리적인 투자

1991년 토론토는 생활협동조합, 노동조합, 종교단체, 농민단체, 시의회 등으로 구성된 먹을거리정책협의회를 꾸렸다. 이 먹을거리정책협의회는 지역 농민과 가난한 시민을 연결시키고, 지역 먹을거리를 통해 토론토의 빈곤, 보건 문제의 해결을 꾀했다. 또 지역 농민과 병원, 학교, 생활협동조합 등을 연계해 지역 농업이 활력을 잃지 않도록 했다.

토론토 먹을거리정책협의회는 저소득층 먹을거리 제공 프로그램 '농장에서 밥상까지Field-to-Table'를 통해 매달 1만 5,000명의 시민에게 지역 먹을거리를 공급했다. 또 2,400만 캐나다달러(약 260억 원)를 투자해 180개 학교 급식, 공공 기관이 지역 농장과 직거래를 할 수 있도록 유통망을 구축했다.

토론토 먹을거리정책협의회 코디네이터 웨인 로버츠 씨는 "먹을거리정책협의회는 지역 농민에게 친환경 농·어업 방식을 교육·권장하고, 시민에게 먹을거리를 가공·요리하는 방식을 홍보해, 지역 먹을거리가 자연스럽게 토론토의 먹을거리 문화로 정착할 수 있도록 노력해 왔다"고 설명했다.

밴쿠버 곳곳에 조성된 공공텃밭은 먹을거리정책협의회의 성과 중 하나다.

또 로버츠 씨는 "도시 곳곳에 공공텃밭과 옥상 정원을 조성한 것도 먹을거리정책협의회의 성과"라고 밝혔다. 2007년 현재 토론토에는 3,000개의 공공 텃밭이 조성돼 있다. 토론토 먹을거리정책협의회는 2025년까지 시민들이 소비하는 과일, 채소의 25퍼센트를 도시 농업으로 공급하겠다는 야심찬 목표도 세웠다.

토론토는 특히 2000년 지역 먹을거리의 중요성을 강조한 '식량 헌장'을 채택한 도시로도 잘 알려져 있다. 토론토는 열세 가지의 '토론토 식량 원칙'이 든 헌장을 '식량 안보를 지지하는 열 가지 이유' 선언문과 함께 제시했다. 이 글에는 토론토의 먹을거리 정책의 바탕에 깔린 철학이 잘 드러난다.

식량 안보를 지지하는 열 가지 이유

1. 식량 안보는 '모든 시민이 심각한 굶주림을 겪지 않는 것'을 의미한다. 모든 시민은 서로의 삶에 영향을 받는다. 저소득층이 건강할 때 다른 시민도 더 건강한 삶을 누린다.

2. 식량 안보는 토론토를 더욱 살기 좋은 도시로 만든다.

3. 식량 안보는 어린이들의 경쟁력을 길러준다. 어린이들이 더 나은 학교 생활을 하는 데에는 영양가 있는 아침 식사와 좋은 점심 식사가 필수적이다. 학생들의 영양 상태와 학습은 연관돼 있으며, 이는 학생의 평생을 좌우한다.

4. 식량 안보는 의료비를 줄여준다. 건강한 식사는 가장 효율적인 건강관리 수단이다.

5. 식량 안보는 우리 지역에 더 많은 일자리를 만든다. 먼 거리에서 먹을거리를 들여오면, 결국 우리 도시의 소비로 다른 지역에 일자리를 창출하는 결과를 낳는다.

6. 식량 안보는 환경 친화적이다.

7. 식량 안보는 매연과 도시 공해를 줄여준다. 우리 시는 모든 시민이 걸어서 이용할 만한 가까운 거리에 있는 소규모 먹을거리 가게를 많이 만들어 시민들에게 운동의 기회를 제공하고 자동차로 대형 할인점에 갈 때 발생하는 공해를 줄이도록 할 것이다.

8. 식량 안보는 좋은 사업 모델이다. 먹을거리 사업은 토론토 내의 가장 큰 산업 분야이다. 다양한 먹을거리 수요를 충족하는 소농과 가게, 식당이 많아질수록 이곳에서 일하는 직원과 소비자들의 식량 안보도 강화된다.

9 식량 안보는 낭비하지 않고, 욕심내지 않는 것을 뜻한다. 음식물 쓰레기와 포장지를 줄이고, 쓰지 않는 도시 내 토지를 지혜롭게 활용하자. 식량 안보는 주어진 기회를 버리지 않는 것을 의미한다.

10 식량 안보는 이웃을 더 가깝게 만들어준다. '벗companion'의 어원은 '빵을 나누는 것'이다. 공공텃밭은 이웃끼리 더욱 가깝게 만들어준다. 토론토의 식량 안보는 다른 사람과 함께 어울리기 힘든 노인과 장애인들이 함께 어울려 식사를 즐기는 기쁨을 더 많이 누리도록 하는 것을 뜻한다.

토론토보다 조금 늦게 2007년 2월에 제정된 캐나다 밴쿠버의 식량 헌장에는 지역 먹을거리의 중요성이 좀 더 강조돼 있다. 밴쿠버 식량 헌장은 다섯 가지 원칙을 명시하고 있다. 첫 번째 원칙은 바로 '지역 경제 개발.' 헌장은 이어서 △건강한 생태, △사회 정의, △협동과 참여, △다양성의 공존을 먹을거리 정책의 기본 원칙으로 제시했다.

먹을거리정책협의회, 다섯 가지를 생각하라

미국, 영국, 캐나다의 예를 보면서 먹을거리정책협의회를 설치할 때 고려해야 할 점을 꼽아보자. 평소 먹을거리정책협의회의 필요성을 강조해온 김종덕 경남대학교 교수(사회학)는 크게 다섯 가지를 염두에 둘 것을 당부한다.

첫째, '누가 시작할 것인가?' 미국, 캐나다의 먹을거리정책협의회를 보면, 시민단체보다 지방 정부가 주도해서 만든 경우가 많다. 그러나 한국처럼 지방자치단체가 나서지 않을 경우에는 지역의 시민이 주도해서 시작해야 한다. 일단 먹을거리정책협의회의 활동이 눈에 띄면, 지방자치단체도 따라 할 수밖에 없을 것이다.

둘째, '다양한 회원으로 구성할 것!' 성공한 먹을거리정책협의회의 조건은 다양한 배경을 가진 이들의 참여다. 현재 북아메리카에 설치된 먹을거리정책협의회에는 농민, 시민은 물론이고 도·소매상, 공무원, 교직원, 시민운동가, 노동운동가, 영양사, 연구자 등 다양한 이들이 참여해 목소리를 낸다.

셋째, 지역 수준에서 설치하라! 한국에서 지역 먹을거리정책협의회를 설립한다면, 곧바로 어떤 행정 구역 단위에서 설치할지가 고민이 된다. 김종덕 교수는 "생산자와 소비자, 공무원이 서로 얼굴을 맞대고 먹을거리 문제를 협의하는 지역 먹을거리 운동의 취지를 고려한다면 시·군 수준이 적합하다"고 지적했다.

넷째, 정부와 가장 효과적인 관계를 맺어라! 먹을거리정책협의회가 지방 정부의 지원을 받는다면 단시간에 여러 가지 성과를 낼 수 있다. 그러나 먹을거리정책협의회의 독립성, 전문성이 확보되지 않는다면, 지방 정부의 전시용으로 전락할 가능성도 있다. 이런 사정 때문에, 먹을거리정책협의회를 구성해 활동할 때 정부와의 관계는 늘 숙제다.

다섯째, 가능하면 돈으로부터 자유로워라! 김종덕 교수는 "먹을거리정책협의회를 실제로 운영하는 비용은 아주 적다"고 강조한다. 이런 점을 염두에 두면, 가능한 한 재정의 독립을 추구하는 게 바람직하다. 재정을 정부와 같은 외부에 의존하다 보면, 지원이 끊기는 상황에서는 먹을거리정책협의회 활동이 중단될 수도 있다.

식량 안보 vs 식량 주권

1장에서 이경해 씨와의 가상 인터뷰를 통해서 '식량 안보Food Security' 대신 '식량 주권Food Sovereignty'을 강조하는 흐름을 소개했다. 한국 정부를 비롯한 세계 각국 정부가 강조하는 식량 안보는 식량 확보에 초점을 맞춘다. 이런 관점을 가진 이들은 자급이든 수입이든 국민에게 먹을거리만 공급할 수 있다면 충분하다.

한국 정부가 전국의 멀쩡한 논밭을 없애면서도 '외국에 식량 기지를 건설하자', 이렇게 얘기하는 것도 바로 이런 관점을 가졌기 때문이다. 국내에서 먹을거리를 전혀 생산하지 않더라도, 중앙아시아의 논밭에서 생산된 먹을거리를 안정적으로 들여올 수만 있다면 식량 안보가 확보된 것으로 간주하는 것이다.

이런 인식이 얼마나 어리석은지는 역사 속 사례를 염두에 두고 조금만 고민해보면 알 수 있다. 우선 1990년대 초의 쿠바로 눈을 돌려보자. 당시 쿠바는 사탕수수를 경작해 얻은 설탕을 수출하고, 석유·식량의 대부분을 수입하는 것으로 살림을 꾸렸다. 쿠바는 소련과 같은 사회주의 국가에 설탕을 비싸게 팔고, 석유·식량을 싸게 샀다.

하지만 1989년 소련을 비롯한 사회주의 국가가 잇따라 붕괴하기 시작하면서 쿠바는 위기에 직면했다. 심각한 에너지·식량난難이 덮친 것이다. 가장 큰 문제는 식량 고갈 사태였다. 식량, 비료, 농약 수입이 감소했을 뿐만 아니라, 석유가 없어서 트랙터와 같은 농기계를 사용할 수 없게 되자 쿠바의 농업 생산은 계속 하락해 수년 만에 절반 수준으로 떨어졌다.

심각한 고갈 사태는 도시에서 발생했다. 시골에서 생산한 농산물을 인구 70퍼센트가량이 모여 사는 도시로 옮길 방법이 없었다. 농산물의 저장, 운반을 다 석유에 의존해왔으니 당연한 귀결이었다. 결국 농촌에서 생산한 농산물이 썩고, 아바나와 같은 도시에서는 사람들이 굶주리는 어처구니없는 상황이 발생했다.

이런 쿠바의 예는 여러 가지 생각할 거리를 준다. 한번 생각해보자. 전 세계 각국이 거미줄처럼 얽혀 있는 오늘날 한국이 국제 시장에서 먹을거리를 제대로 공급받지 못하는 상황이란 무엇일까? 자원 고갈, 자연 재해, 경제 위기, 전쟁 등 그 원인이야 어떻든 간에 그런 위기 상황에서 자유로울 수 있는 나라는 없을 것이다.

그렇다면, 그런 긴급 상황에서 과연 한국이 안정적으로 외국으로부터 식량을 공급받을 수 있을까? 자원 고갈, 자연 재해, 전쟁 등 어떤 긴급 상황을 염두에 두더라도, 원거리에서 식량을 이동하는 것 자체가 어려울 것 같다. 식량 수출 국가의 태도도 문제다. 2008년 곡물 가격이 폭등하자 미국, 오스트레일리아, 중국 등 일부 국가는 수출 제한 조치까지 취했다.

이 책에서 수차례에 걸쳐서 식량 안보 대신 지역 먹을거리에 기반을 둔 식량 주권을 강조한 것은 이런 사정을 염두에 두었기 때문이다. 더구나 식량 주권은 지역 먹을거리에서 볼 수 있듯이 식량 안보뿐만 아니라 건강, 지역, 문화, 환경 등을 포괄하는 개념이다. 토론토에서 2000년에 식량 헌장을 발표하면서 언급한 '식량 안보'는 바로 '식량 주권'의 다른 말이다.

- 『런던코뮌』(서영표 지음, 이매진 펴냄)

  1981년부터 1986년까지 마거릿 대처 정부의 시장 만능주의에 맞선 런던 지방의회의 실험 과정을 설명한 책이다. 당시 이 실험을 이끌었던 이가 바로 앞에서 언급한 켄 리빙스턴이다. 이 '실패'한 실험은 세계 곳곳에서 국가와 시장에 저항하는 갖가지 지역 차원의 실천에 여러 가지 영감을 제공했다.

- 『아톰의 시대에서 코난의 시대로』(강양구 지음, 프레시안북 펴냄)

  지역 먹을거리에 기반을 둔 식량 주권을 강조하는 중요한 이유 중 하나는 바로 석유, 석탄과 같은 화석연료에 의존하는 지금과 같은 삶이 더 이상 불가능하기 때문이다. 석유 없는 세상을 준비해야 하는 이유를 설명하고, 세계 곳곳에서 진행 중인 대안 실험을 소개한 책이다.

10장

한국 정부는
국민을
굶겨
죽일 셈인가?

맥도날드 햄버거가 어떻게 만들어지는지 살펴볼까요? 값싼 햄버거를 만들기 위해 들어가는 재료가 전 세계에서 조달됩니다. 피클은 스리랑카에서, 양파는 미국에서 오네요. 일본에 있는 맥도날드에서 정작 일본산 식품은 하나도 쓰이지 않는 셈입니다. 아, 양상추가 국산이었던 적은 있네요.

강연장이 술렁였다. 여기저기서 "정말?" 하고 놀라는 목소리가 들렸다.

2008년 10월 26일 찾은 일본 도쿄 고가네이 시 주민센터에서는 '먹을거리 안전'을 주제로 농업 문제를 파헤치는 독립 기자 미도리 사카키다榊田みどり 씨의 강연회가 한창이었다. 일요일인데도 서른 명 남짓한

食の不安を徹底解決!
未来の「食」と「農」のために、
今私たちにできること

미도리 사카키다 기자는 안전한 먹을거리는 농업 정책과 뗄 수 없는 관계라고 설명했다.

주민이 강연장을 빼곡히 채웠다. 이날 행사를 주최한 시민섹터정책기구 스나가 요코 연구원은 요즘 먹을거리에 관한 시민의 관심이 부쩍 늘었다고 전했다.

며칠 뒤 도쿄 내 한 생활협동조합 매장. 주택가에 자리 잡은 매장에는 늦은 밤까지 귀갓길에 장을 보는 사람으로 가득했다. 전국 2,600여 개에 달하는 매장의 수가 보여주듯, 생활협동조합은 일본인의 일상 속에 자리 잡았다. 장을 보던 미즈노 료코(35) 씨도 생활협동조합의 열성 팬이었다.

미즈노 씨는 "나는 어렸을 때부터 생활협동조합을 다녔다. 지금은 따로 가족을 꾸리고 있지만 여전히 생활협동조합이 좋다"고 말했다. 그는 "아무래도 한 번 더 검증을 거친 생활협동조합 제품이 믿음이 간다. 별다른 가입 절차가 없어도 이용할 수 있기 때문에 다른 대형 할인점을 가느니, 차라리 생활협동조합을 이용하는 게 좋다"고 설명했다.

2008년 일본 생활협동조합은 이미지에 큰 타격을 입었다. 그해 1월 중국산 냉동 만두에서 농약이 검출됐는데, 생활협동조합이 운영하던 매장에서도 이 제품을 취급했기 때문이다. 전국에서 열 명이 중독 증세를 보인 '중국 만두 사건'의 충격은 좀처럼 가시지 않았다. 더구나 잇따라 멜라민 파동, 중국산 콩에서 농약이 검출되는 사건이 이어졌다.

이렇게 식품 사고가 연이어 터지면서 일본 사회에서는 먹을거리의 안전성 확보가 화두로 떠올랐다. 이런 상황에서 먹을거리의 안전성을 확보하려면 더 근본적인 문제 해결이 선행되어야 한다는 주장이 제기됐다. 일본 정부가 앞장서 이런 논의를 주도하고 있다. 바로 '식량 자급률' 제고이다.

식량 자급률, 농업 정책 최대의 과제

올해 중점적으로 추진할 농업 정책의 대부분은 바로 식량 자급에 관한 것이다. 곡물 가격이 오른 뒤 세계적으로 많은 문제가 발생했다. 타이 등 세계 각지에서 폭동이 일어났다. 앞으로는 돈이 있어도 식량이 부족해서 못 사는 경우가 올지 모른다. 식량 자급률을 높이는 것은 생존에 관계된 문제가 되었다.

2005년 개정된 일본의 식료·농업·농촌기본법을 보면, 일본 정부는 식량과 농업에 관한 기본 계획을 5년마다 개정해 수립해야 한다. 매년 봄, 일본의 각 부처가 총동원돼 열리는 내각 회의에서 변화된 상황을 반영해 이 기본 계획을 수립하고 있다. 2008년 5월 발표된 '21세기 신농정 2008' 역시 이런 맥락에서 나왔다.

2008년 10월에 만난 농림수산부의 시미즈 고우타로淸水 浩太郎 기획관은 '신농정 2008'의 특징을 묻자 주저 없이 '식량 자급률'이라는 단어를 꼽았다. 시미즈 기획관은 그해 봄 세계적으로 곡물 값이 폭등한 가운데 일본의 버터 값이 폭등한 일을 예로 들며 "앞으로 어떻게 식량을

일본 농림수산부 시미즈 고우타로 기획관.

확보해서 살아갈 수 있을지 불안이 커졌다"고 지적했다.

일본의 버터 파동은, 일본의 낙농가는 감소하는 가운데 국제 곡물 값이 급격히 상승하자 덩달아 사료 값이 오르면서 발생했다. 일반 매장 곳곳에서 버터가 품절되고, 일부에서는 사재기 현상까지 일어나자 일본 정부는 수급 조절을 위해 5,000톤의 버터를 긴급 수입하기로 결정했다.

일본 정부가 식량 자급에 대한 위기의식을 가진 것은 당시가 처음은 아니다. 1999년 수립한 식료 · 농업 · 농촌기본법에는 이미 식량 자급률 목표치를 법제화하고 식량 자급률 목표 달성 방안을 기본 계획에 반영하기로 명시했다. 2000년 일본은 당시 28퍼센트였던 식량 자급률(곡물 기준)을 2015년까지 30퍼센트로 높이기로 결정했다.

일본 정부가 식량 자급률을 높이고자 내놓은 첫 번째 대책은 '소비' 변화이다. 일본 정부는 밀가루 대신 쌀가루를 이용하는 방안, 곡물 수입의 상당 부분을 차지하는 가축 사료를 쌀을 이용해 개발하는 방안 등을 추진 중이다. 그러나 이런 방안은 현실적으로 쉽지 않다.

가장 큰 이유는 높은 쌀 가격이다. 일단 일본 정부는 벼농사 농가를 직접 지원하는 방법을 통해서 쌀 가격을 낮춰볼 계획이다. 시미즈 기획관은 "자급률을 높이기 위한 핵심 방안은 쌀이다. 쌀 소비량이 반

이상 줄어들면서 밀가루, 콩 같은 곡물 수입에 많이 의존하고 있는데, 어떻게 하면 쌀을 더 잘 이용할 수 있을지를 놓고 고민 중"이라고 설명했다.

농지 규제 권한은 지방으로, 식생활 개선 없이 자급 어려워

'신농정 2008'에는 이외에도 다양한 농업 활성화 정책이 포함돼 있다. 이 계획을 보면, 2005년 현재 93.3퍼센트인 농지 이용률을 2015년까지 105퍼센트로 끌어올린다. 또 우수한 농지를 유지하고자 농지를 다른 용도로 사용하는 것도 더 엄격하게 규제할 전망이다. 그간 농지에 병원, 학교 등 공공시설을 지을 때는 규제가 상대적으로 약했다.

시미즈 기획관은 "일본 정부, 국회는 농지 규제를 더 강하게 해야 한다는 분위기가 전반적이다. 농지 제한을 강화하기 위해서 현재 중앙 정부가 갖고 있는 농지 규제 권한을 각 지방 정부로 이전해야 한다는 주장이 나오고 있다"고 말했다. 일본의 지방 정부는 한국과 달리 개발 욕구가 없을까?

시미즈 기획관은 "물론 지방 정부가 개발 욕구가 강한 건 일본도 마찬가지다. 그러나 지방 자치가 뿌리를 내리면서 지방 정부도 막개발이 결과적으로 재앙을 초래한다는 걸 잘 알고 있다"고 설명했다. 그는 "지역의 사정을 더 잘 아는 지방 정부에서 적절한 균형을 맞춰서 토지를 활용하

'식량 자급률'을 높이려는 일본 정부의 노력은 다방면에 걸쳐 전개되고 있다.

는 게 좋은 농지를 더 잘 보전할 수 있으리라고 믿는다"고 덧붙였다.

식문화 개선 역시 '신농정 2008'의 주요 과제 중 하나다. 제2차 세계
대전 이후 일본의 학교 급식은 미국의 식량 원조에 의존했다. 시미즈
기획관은 "당시 식생활이 서구식으로 바뀐 뒤 지금까지 밀 소비량이
계속 많다"고 설명했다. 일본에서 식량의 외국 의존도가 높은 까닭은
역사적 맥락을 염두에 둬야 한다는 것.

또 외식, 즉석식품을 선호하는 일본의 식문화 또한 외국산 농산물의
소비를 부추기고 있다. 24시간 편의점 체인업체 세븐일레븐의 '하루 1
만 엔 손실 캠페인'은 대표적인 예이다. 세븐일레븐은 편의점 주인들

이 유통기한이 지나면 버려야 하는 즉석식품 주문을 적게 하자, 손실을 보더라도 신선한 제품을 소비자에게 제공하자며 이 캠페인을 진행했다.

소비자 평계를 대면서 즉석식품의 매출을 올리고자 이런 캠페인을 진행한 것이다. 이런 캠페인의 결과 매일 전국의 편의점에서 버리는 즉석식품의 양은 크게 늘었다. 기업의 캠페인이 일본의 식량 자급률 제고를 더욱 어렵게 하고 있는 것이다. 이런 상황에 맞서 일본 정부는 식생활 개선 캠페인을 준비 중이다.

시미즈 기획관은 "쌀을 주식으로 하는 일본형 식생활을 홍보하기 위해 2007년부터 학교 급식에서 쌀 급식 횟수를 늘리고, 별도로 식생활 홍보 교육을 진행하고 있다"고 말했다. 이 같은 일본 정부의 정책은 실질적인 성과로 이어지고 있다. 쌀 소비량이 늘어나면서 2007년 일본의 식량 자급률(칼로리 기준)은 전년의 39퍼센트보다 1포인트 높아진 40퍼센트를 기록했다.

식량 자급률 신경 안 쓰는 바보는 없다

식량 자급률 타령을 하는 일본이 유별난 걸까? 그렇지 않다. 2003년을 기준으로 경제협력개발기구(OECD) 29개국(자료 없는 룩셈부르크 제외) 중 식량 자급률(곡물 기준)이 30퍼센트에 미치지 못하는 국가는 한국을 포함한 5개국이다. 그중 북극에 위치한 아이슬란드(0.0퍼센트)를 제외하면 한국(25.3퍼센트)은 포르투갈(27.7퍼센트), 일본(22.4퍼센트), 네덜란드(21.2퍼센트)와 함께 최하위권이다.

대다수 선진국은 식량 자급률 100퍼센트를 달성한 지 오래다. 먹을거리의 상당수를 수입했던 유럽은 제2차 세계대전 중 식량 부족 사태를 겪은 뒤, 공동농업정책을 통해 대부분 국가의 식량 자급률을 100퍼센트 가까이 끌어올렸다. 현재 유럽 최고의 먹을거리 생산 국가인 프랑스 역시 1960년대까지는 식량을 수입했지만, 1973년 이후 식량 자급률 100퍼센트를 달성했다.

역시 제2차 세계대전을 겪으면서 식량 부족 사태를 경험한 스위스의 식량 자급 정책도 철저하다. 좁은 국토, 산간 지대가 주를 이루는 환경 조건을 갖고 있는 스위스는 현재 식량 자급률이 50퍼센트가량이다. 스위스는 이런 식량 자급률을 높이고자 평상시 65퍼센트 수준의 식량 자급률(칼로리 기준)을 유지하다, 비상시에는 이를 100퍼센트로 높일 수 있는 정책을 수립했다.

중국 역시 식량 자급률 유지를 식량 정책의 우선 과제로 설정하고 있다. 2008년 11월 13일 중국 국가발전개혁위원회는 세계적인 식량 위기에 대비해 오는 2020년까지 식량 자급률을 95퍼센트 이상으로 끌어올리는 목표를 명시한 '국가 식량 안전 중장기 계획'을 결정했다. 중국 정부는 이를 위해 2020년까지 식량 생산량을 5억 4,000만 톤 이상 늘리기로 했다.

중국 정부의 계획을 보면, 쌀, 보리, 옥수수 등 기본 양식은 자급 구조를 갖춰야 한다. 특히 중국 정부는 농지의 과도한 전용을 막고, 2020년까지 경작지 1억 2,000만 헥타르를 유지하기로 했다. 특히 주식인 쌀의

경제협력개발기구(OECD) 국가 식량자급률(곡물 기준, 2003년)
출처 : 국제연합식량농업기구(FAO)

(단위: 퍼센트(%))

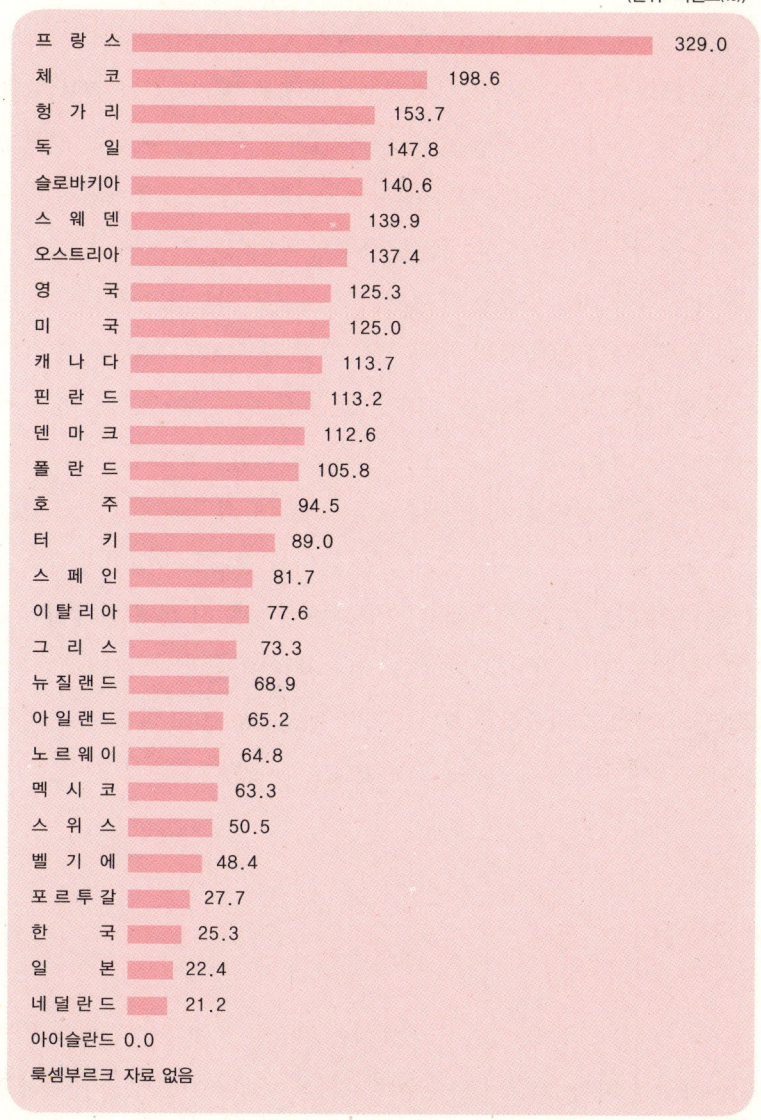

프 랑 스	329.0
체 코	198.6
헝 가 리	153.7
독 일	147.8
슬로바키아	140.6
스 웨 덴	139.9
오스트리아	137.4
영 국	125.3
미 국	125.0
캐 나 다	113.7
핀 란 드	113.2
덴 마 크	112.6
폴 란 드	105.8
호 주	94.5
터 키	89.0
스 페 인	81.7
이 탈 리 아	77.6
그 리 스	73.3
뉴 질 랜 드	68.9
아 일 랜 드	65.2
노 르 웨 이	64.8
멕 시 코	63.3
스 위 스	50.5
벨 기 에	48.4
포 르 투 갈	27.7
한 국	25.3
일 본	22.4
네 덜 란 드	21.2
아이슬란드	0.0
룩셈부르크	자료 없음

안정적인 생산을 위해 벼 재배지 면적을 최소 3,000만 헥타르 이상 유지한다는 방침이다.

아르헨티나는 2006년과 2007년, 향후 곡물 가격이 상승할 경우 과잉 수출로 인해 자국의 식량이 부족해지는 상황을 방지하고자 정부가 옥수수와 밀가루에 대한 수출 승인 등록 절차를 중단할 수 있는 권한을 설정했다. 또 쇠고기도 2006년 이후부터는 2005년 수출 물량의 50퍼센트만 수출 할당량으로 정해 수출을 통제하고 있다.

러시아 역시 과잉 수출을 막고 자국의 식량을 확보하고자 2007년 11월과 2008년 4월 각각 보리 30퍼센트, 밀 10퍼센트의 수출세를 부과했다. 또 카자흐스탄 정부는 2007년 10월, 밀을 수출하는 업체들이 자체 수출량의 20퍼센트를 국내 시장에 판매하도록 의무화했다.

정부의 정책 실패로 세계적인 농업대국에서 식량 수입국으로 전락한 국가도 많다. 국제미작연구소[IRRI]가 들어설 정도로 농업이 탄탄했던 필리핀은 1990년대 값싼 곡물을 수입하는 정책을 편 끝에 현재 세계 1위의 쌀 수입국이 됐다. 2008년 초 곡물 가격 폭등으로 위기를 맞았던 필리핀의 아로요 대통령은 2008년 6월 특별법을 통해 국내 식량 자급을 달성할 때까지 농지 전용을 금지한다고 발표했다.

자급률은 더 낮게, 농지는 더 적게?

식량 자급률 확보에 안간힘을 쓰는 외국 사정에 비해 2007년 기준 식량 자급률 26퍼센트, 쌀을 제외하면 식량 자급률 5퍼센트에도 못 미치는 구조를 지닌 한국 정부는 아직도 '태평세월'이다. 비슷한 식량 구조를 지닌 일본 정부의 절박한 움직임과 비교해보면, 한국 정부의 안일한 대응은 탄식이 절로 나오는 상황이다.

물론 한국 정부 역시 2000년 농업농촌기본법을 제정하고 식량 자급률 목표치 설정을 명기했다. 그러나 아무런 강제 조치가 없어 선언적 의미에 그칠 뿐이었다. 8년이 지난 2007년 12월에야 식량 자급률 목표치를 설정했다. 그러나 2007년 현재 26퍼센트인 식량 자급률을 2015년에 25퍼센트로 설정했다. 오히려 낮춰 잡은 것.

이뿐만이 아니다. 이명박 정부는 2008년 5월 농업 진흥 지역에서 농지를 전용할 때 '대체 농지'를 확보하는 제도를 폐지하는 내용을 담은 농지법시행령 개정안을 국무회의에서 의결했다. 건설업 부양에 주력하는 정부의 정책에서 1990년대 이후 꾸준히 감소하고 있는 논 면적에 대한 대책은 찾아볼 수 없는 실정이다.

농업 당국의 이 같은 현실 인식을 두고 정부 산하 기관인 한국농촌경제연구원조차 "쌀을 비롯한 곡물의 안정적 국내 공급 기반을 확보하기 위해 식량 자급률 목표치를 다시 설정해야 한다"고 지적하는 상황이다. 그러나 정부는 귀를 꼭 닫은 채, 아무런 대응을 하지 않고 있다.

세계 각 정부가 식량 확보에 힘쓰는데도, 우리나라 정부는 국민이 굶어 죽어도 상관하지 않겠다는 것일까?

국민은 똑똑한데……
한국 정부, 정말 무모하다

외식을 하신다고요? 음식점 앞에서 초록 제등을 찾으세요.

가게 앞에 내걸어 영업 개시를 알리는 일본의 '빨간 제등.' 일본의 음식점들이 이 제등 색을 빨간색에서 초록색으로 바꾸고 있다. 2009년 현재 벌써 일본 전역에서 2,400여 곳의 음식점이 초록 제등을 내걸었다. 시민 8,000여 명으로 구성된 '초록 제등 응원군'은 "주저 없이 초록색 제등을 단 음식점을 택하라"고 곳곳에서 외치고 다닌다.

지역 먹을거리를 쓰는 식당임을 알리는 '초록 제등.'

초록 제등을 가장 먼저 내건 곳은 홋카이도 오타루의 작은 음식점이었다. 2005년, "요리에 들어가는 식재료의 절반 이상을 지역 먹을거리로 쓰는 가게는 초록 제등을 내걸어 알리자." 이런 아이디어에서 출발한 초록 제등은 이제 일본 농림수산부가 후원하는 전국적인 캠페인이 됐다.

초록 제등이라고 모두 같은 건 아니다. 칼로리를 기준으로 식재료의 50퍼센트 이상이 음식점 인근에서 생산된 지역 먹을거리(불가피한 경우 일본 국내산)일 때, 음식점 주인은 별 하나가 그려진 초록 제등을 내걸 수 있으며, 지역 먹을거리 함량에 따라 별의 숫자가 두 개(60퍼센트), 세 개(70퍼센트), 네 개(80퍼센트), 다섯 개(90퍼센트 이상)까지 올라간다.

이처럼 '지역 먹을거리를 지역에서 먹자'는 의미의 지산지소地産地消 운동은 최근 일본 전역에서 유행처럼 퍼져나가고 있다. 이제 농수산물 매장, 학교 급식, 음식점 등 먹을거리가 유통되는 모든 곳에 '지산지소'라는 단어가 쓰인다. 아이들은 초등학교 1학년 때부터 지역의 먹을거리가 어떤 게 있고, 또 어떻게 요리하면 맛있게 먹을 수 있는지 배우고 고민한다.

일본 정부도 지산지소 운동을 적극적으로 지원하고 있다. 농림수산부는 지역 농산물을 활용한 학교 급식 식단 경연 대회, 도시락 경연 대회를 벌이는가 하면, '지산지소 코디네이터'를 육성하고, 지산지소 홈페이지www.jimototaberu.net 를 만들어 홍보에 열을 올리고 있다. 식량 자급률 제고를 목표로 내건 '21세기 신농정 2008' 기본 계획을 보면, "2006년 지산지소 운동의 경제적 효과는 총 2,838억 엔(2009년 11월 기준 약 3조 9,000억 원)으로 추산된다"며 지산지소 운동을 더욱 장려하도록 주문했다.

이 열풍을 주도한 주인공이 있다. 민주당의 시노하라 다카시篠原 孝·62 의원. 그는 지산지소 운동을 정책적으로 활성화하고, 일본에서 처음으로 '푸드마일food miles·먹을거리가 이동한 거리'을 계산해 발표한 인물이다. 일본에서 먹을거리 문제에 조금이라도 관심이 있는 사람 중 그의 이름을 모르는 이는 드물다.

시노하라 의원은 평생 농업 정책의 한길을 걸었다. 1973년 농림수산부에 들어간 그는 30년간 농림수산부, 농업종합연구소 등에서 근무하다, 2000년 이후 농림수산부 산하 농림수산정책연구소의 소장을 맡았다. 2003년 민주당 비례 대표로 정계에 들어간 그는 2009년 총선에서 세 번째 국회의원으로 당선되었다.

광우병 문제를 놓고 고이즈미 전 총리와 직접 토론을 벌인 것으로 알려진 시노하라 의원은 일본 유권자에게도 높은 신뢰를 얻고 있다.

시노하라 다카시 일본 민주당 의원.

일본 중의원 정보를 모아놓은 한 인터넷 사이트에서 일본 누리꾼은 "국민의 생존을 심각하게 생각하고 있다", "일본의 국회의원들이 모두 저렇게 진지하면 일본의 분위기 자체가 달라졌을 것"이라고 그를 평가했다.

시노하라 의원은 2009년 9월 16일 출범한 일본 민주당 하토야마 정부의 농업 정책 입안을 2006년부터 주도해왔다. 따라서 55년 만에 자민당에서 민주당으로 정권 교체에 성공한 하토야마 정부가 순항한다면 시노하라 의원이 앞으로 농림수산부 장관을 맡는 것은 기정사실로 여겨진다.

2008년 10월 말, 인터뷰를 위해 찾은 시노하라 의원의 지역구, 나가노 선거사무소는 활기가 넘쳤다. 당초 11월로 예상했던 총선이 미뤄지면서 선거에 도전하는 중의원 후보들은 일본 전역에서 분주히 뛰어다니고 있었다. 시노하라 의원은 인터뷰 직전 지역구 여성과 아이들이 참가하는 행사에서 선거 유세를 하고 오는 길이라며 기자를 맞았다.

2008년 한국에서 먹을거리에 대한 논란이 많았다. 미국산 쇠고기 전면 수입, GM 옥수수 수입, 그리고 멜라민 파동에 이르기까지……. 더 안전하고 건강한 식품을 찾는 이들이 부쩍 늘면서 일본의 지산지소 운동에 대한 관심도 굉장히 높아졌다. 지산지소 운동을 적극적으로 벌이게 된 배경은 무엇인가.

식량과 농업에 관해 한국과 일본은 쌍둥이처럼 똑같다. 일본이 예전에 겪었던 일을 한국이 압축적으로 겪고 있으니까. 그러나 지산지소 운동은 정반대다. 지산지소 운동은 바로 한국의 농협이 1989년부터 시작했던 신토불이 운동에서 배운 것이다. 1996년 애틀랜타 올림픽 당시 한국 선수에게 보급하는 김치 상자에 적힌 '신토불이'를 보고 전율을 느꼈다.

'신토불이'라는 말은 일본에도 있었지만 일본어로는 입에 붙는 발음이 아니라서 그대로 가져다 쓸 수가 없었다. 그래서 내가 같은 취지의 내용을 가지고 이름만 '지산지소'로 바꿨다. 그 외에도 '농도불이農都不二 ·도시와 농촌은 떨어질 수 없다', '순산순소旬産旬消·제철음식을 먹자', '푸드마일' 등의 말도 만들었다.

그렇지만 여전히 나는 '신토불이'가 이 지역 먹을거리 운동의 정신을 꿰뚫는 말이라고 생각한다. 지역 먹을거리에 대한 인식만 놓고 보면 한국 사람이 일본 사람보다 한 수 위다. 한국에서 진행된 '우리 밀 운동'만 놓고 보더라도, 한국 사람이 얼마나 자기 먹을거리를 소중히 여기는지 알 수 있다.

현재 일본의 지산지소 운동은 지역 먹을거리 운동, 이탈리아의 슬로푸드 운동과 더불어 세계적으로 유명해졌다. 아무리 시민단체가 운동을 벌이거나 정부가 후원을 해도 일본 시민들의 참여가 없이는 힘든 일이다. 지산지소 운동이 탄력을 받은 이유가 뭘까.

원래 '지산지소'라는 말은 1990년대 이전부터 종종 쓰였다. 농림수산부는 1987년부터 이 말을 썼다. 편식 때문에 채소, 과일을 많이 소비하지 않는 시민의 식습관을 개선하고자 '지역에서 생산한 여러 가지 먹을거리를 소비하는 게 좋다', 이런 취지의 일종의 생활 개선 운동 구호였다. 당시만 해도 지역 먹을거리 운동의 문제의식은 없었다.

결국 이 정책도 흐지부지되었는데, 10년이 지난 후에 '지산지소'는 다시 지역 먹을거리 운동을 상징하는 말로 부활했다. 2000년대에 들어와서는 지산지소가 일본 전국에 널리 퍼졌다. 결정적인 계기는 두 가지였다. 일본열도 전체를 흔드는 먹을거리를 둘러싼 사고가 잇따라 터졌기 때문이다.

첫 번째 계기는 우유 오염 사건이다. 한 유명 업체의 우유에서 포도
구균이 발견되었는데, 원인을 파악하는 데 시간이 아주 많이 걸렸다.
또 2001년 9월 광우병이 발생하자 사람들은 불안 속에서 쇠고기뿐만
아니라 다른 먹을거리의 출처에도 관심을 가지기 시작했다. 결국 모두
가 깨달았다. 이게 다 가까운 곳에서 생산한 먹을거리를 외면한 탓이라
는 것을……

이처럼 일본에서 지산지소 운동은 생산자가 아니라 소비자가 시작
한 운동이다. 소비자가 요구하고 생산자가 수용했다. 결국 생산자와 소
비자의 '신용'이 지역 먹을거리의 핵심이다. 신용 없는 먹을거리의 운
명은 중국산이 잘 보여준다. 중국산 채소는 계속 잔류 농약이 문제가
되면서, 지금은 마늘 하나만 일본 시장에 남아 있는 상황이다.

최근 한국에서도 광우병 문제가 대두되면서 원산지 표시제를 실시
하고 있다고 들었다. 앞으로 일본에서 이런 원산지 표시제에 더해서 새
로 시행하고 싶은 제도 중 하나가 바로 가공식품의 원산지 표시다. 기
업의 저항이 상당히 심하다. 이 제도가 도입되면 기업 입장에서는 값싼
수입 원료를 쓰지 못하기 때문이다.

한국에서 신토불이 운동이 있었던 것은 사실이다. 그러나 정작 한
국 정부는 한미 FTA, WTO 협상에 발맞추고자 갈수록 농산물 시장
을 내주고 있다. 공산품 수출을 늘리기 위해 농민의 희생은 어쩔 수
없다는 것이다.

한미 FTA를 보면, 한국 정부가 왜 저걸 굳이 나서서 하려는지 이해가 되지 않는다. 어떻게 저렇게 생각 없이 추진할 수 있을까, 이런 생각이 든다. 또 미국산 쇠고기 수입 협상을 보면서 한국 정부가 정말로 간이 부었다는 생각이 들었다. 이런 상황이 내게는 참 낯설다. 한국 정부가 예전에는 이렇지 않았기 때문이다.

1993년, 나는 우루과이라운드 협상에 참여했었다. 그때 나는 한국이 부러웠다. 일본에서는 실정도 잘 모르는 농림수산부 장관이 나와서 협상에서 아무것도 얻어내지 못하고 있는데, 한국에서는 유명한 농업 전문가가 나와서 영어도 유창하게 구사하면서 협상을 유리하게 이끌었다.

그것을 보면서 한국이 일본보다 농업을 더 많이 생각하고 있다고 느꼈다. 그런데 지금은 참 무모하다는 생각이 든다.

광우병에 대처하고자 모든 도축 소를 놓고 전수검사를 실시하는 등 그간 일본 정부가 보였던 대응은 세계적으로 모범 사례로 꼽힌다. 반면 한국 정부는 수많은 국민들이 촛불 집회를 열면서 미국산 쇠고기 재협상을 요구했는데도, 전면 수입 결정을 바꾸지 않았다. 광우병 문제의 대표적인 논객으로서 어떻게 평가하나.

한국 국민의 미국산 쇠고기 반대 운동을 잘 알고 있다. 한국 국민은 참 똑똑하다. 이명박 정부가 국민이 반대하는데도 미국산 쇠고기를 전면 수입하기로 결정한 사실 역시 일본, 미국 모두 잘 알고 있다. 한국의 정책은 아무리 생각해도 엉터리다. 정부의 잘못이 심각하니까 국민이 거부하는 건 당연하다.

만약 일본 정부가 한국 정부처럼 미국산 쇠고기를 수입한다면 일본 국민의 반응도 한국 국민과 다르지 않을 것이다. 2001년에 처음 광우병이 발생했을 때, 정부에 모든 도축 소의 전수검사를 강하게 요구한 것도 바로 이런 일본 국민의 심정을 누구보다도 잘 알았기 때문이다.

2005년 1월에 미국에 쇠고기 수입 조건을 정하고자 현지 조사를 하러 갔다. 그때 미국의 한 고위 공무원이 이렇게 말했다. "일본이 요구하는 게 맞다. 소비자의 입장에서 정당하게 요구하라." 그런데 이제 미국의 말이 바뀌었다. "한국은 저렇게 빗장을 활짝 열었는데, 일본은 왜 그러느냐."

사실 일본 입장에서는 20개월 미만의 미국산 쇠고기를 수입하는 지금도 아쉬운 점이 많다. 일본으로 수입되는 20개월 미만의 미국산 쇠고기를 다른 연령의 쇠고기와 같은 장소에서 도축하기 때문에 찜찜한 게 사실이다. 일본 측에서 계속 규제 강화를 요구하고 있는 중이다. 그런데 한국이 저렇게 빗장을 풀어버렸으니……. 일본이 버티기가 더 어려워졌다.

지금 한국, 일본뿐 아니라 타이완도 미국산 쇠고기 수입 압력을 많이 받고 있다(2009년 11월 현재, 타이완 정부는 수입 제한 조치를 풀고 30개월 미만의 뼈 있는 미국산 쇠고기 등을 전면 수입하기로 결정했다). 2001년 농림수산부 장관을 맡았던 다케베 쓰토무武部勤 자민당 간사장에게 언젠가 얘기했다. 만약 세계 모든 국가에 광우병이 만연해 있어도 일본이 그렇지 않으면 민주당에 감사해야 한다고. 우리가 전수검사를 하라고 해서 광우병을 막아낸 것이니까.

덧붙이자면, 먹을거리 위험을 나타내는 요인에는 농약, 화학 비료, 광우병, 대장균 등 여러 가지가 있다. 그런데 그중 나라별로 유독 거부감이 큰 요인이 있다. 영국은 광우병, 프랑스는 GM 식품, 미국은 대장균 등. 일본은 특히 GM 식품이나 광우병에 대한 거부감이 큰데, 일본과 한국 국민들은 자손에게 영향을 미치는 경우 크게 반발하는 경향이 있다고 본다.

최근 일본 정부는 식량 문제에 집중하고 있다. 전체 각료 회의를 개최하고, 이들의 회의 결과를 대국민 호소로 발표하는가 하면, '신농정 2008' 정책으로 식량 자급률을 높이는 데 힘을 쏟고 있다. 민주당 의원으로서, 현 일본의 정책을 평가한다면?

사실 '신농정 2008'은 우리 민주당이 제시한 정책이다. 이전까지 식량 정책의 중요성을 아무리 얘기해도 농림수산부 장관은 어림없다는 식으로 대했다. 그러나 아소 다로 총리로 바뀐 뒤 식량 자급률을 높이자는 제안에 적극 동참하는 분위기로 바뀌었다. 그래서 '신농정 2008'이 일본 정부의 식량 정책으로 확정된 것이다.

사실 식량 정책은 어느 한 당의 정책이라고 볼 수 없다. 이건 유권자인 국민의 요구이다. 특히 생산자보다는 소비자 측에서 강력히 요구하는 상황이다. 실제로 최근 수십 년간 한국의 신토불이, 이탈리아의 슬로푸드 운동 등 동시다발적으로 전 세계에서 먹을거리를 둘러싼 운동이 진행 중이다. 이것은 세계적 추세다.

규모 확대에 몰두한 농업 정책은 결국 농촌 사회를 붕괴시킨다.

오랫동안 농림수산부에서 근무하며 농업 정책을 담당했다. 기존에 자민당이 펼쳤던 농업 정책의 가장 큰 문제는 무엇이었다고 보는가.

일본 정부는 오랜 세월 농업의 규모를 확대해 경쟁력을 높이려 했다. 오로지 이것만 했다. 미국을 흉내 낸 것이다. 예를 들면, 미국은 농민 한 사람의 농경지가 최소 200헥타르가 아니면 농업을 할 수 없다. 일본에서 이런 규모로 농사를 짓는 게 가능할 리 없다. 규모 확대에만 몰두한 정부의 압박을 못 이긴 소농은 농업을 포기할 수밖에 없다.

이런 정책은 결국 농촌의 지역사회를 붕괴시킨다. 농림수산부에서 일하면서 이런 정책은 절대로 안 된다, 이렇게 주장했지만 늘 소수파였다. 좌절도 많이 했다. 그러다 민주당에서 제안이 왔다. 민주당에 들어

와서 자민당과는 다른 대안 농업 정책을 펼쳐달라는 것이었다. 내가 농림수산부를 나와서 중의원에 출마하게 된 계기다.

세계적으로 곡물 값이 오르면서 한국과 일본에서도 식량 위기가 논의되고 있다. 두 나라가 겪는 식량 위기의 가장 핵심적인 요인이 무엇인가?

현재 식량 자급률이 20퍼센트대에 머무르는 일본과 한국에서는 이런 체념이 있는 것 같다. "우리는 땅이 좁아서 식량의 완전한 자급은 불가능해!" 그러나 내 생각은 다르다. 지금 일본, 한국의 농토에서도 품종 개량을 통해서 100퍼센트 식량 자급률을 달성할 수 있다. 의지의 문제일 뿐이다.

농업은 토지가 넓지 않으면 안 된다는 고정관념이 있다. 그러나 일본과 한국 모두 강우량은 충분하다. 물을 잘 운용한다면 지금보다 자급률을 더 높일 수 있다. 물론 이를 위해서는 농업·농촌에 많은 돈을 투자해야 한다. 당연히 써야 할 데 쓰는 것이다. 이런 데 돈을 쓰는 것이야말로 정부의 역할이다. 국민의 먹고사는 문제보다 더 중요한 게 어디 있는가?

외국에서 먹을거리를 수입하는 것은 결코 지속 가능할 수 없다. 원거리를 이동한 먹을거리는 푸드마일이 높다. 당연히 석유와 같은 화석연료를 태우고, 이산화탄소와 같은 온실가스의 배출도 불가피하다. 만약 석유 고갈 사태가 닥치거나, 온실가스 배출을 놓고 규제가 심해진다면 어떻게 할 것인가? 이젠 푸드마일뿐만 아니라 굿^{good}·물건마일 역시 줄여야 한다.

　이런 주장은 국제 분업과 자유 무역에 반하는 논리다. 21세기 자원 전쟁, 기후 변화의 상황에서 어느 쪽의 논리가 맞는지 잘 생각해봐야 한다. 물론 일본과 한국처럼 지역 간 자유 무역은 큰 문제가 없다. 후쿠오카의 경우를 보면 홋카이도에서 물건을 들여오는 것보다 부산에서 들여오는 게 더 빠르다. 그러나 한국과 미국, 일본과 미국 간 교류는 지속 불가능하다.

한국은 최근 정부가 나서서 식량 위기 사태에 대처하기 위한 해외 식량 기지를 만들겠다고 밝혔다. 일본 역시 남아메리카 국가에서 농지 개발을 했던 경험이 있다. 어떻게 평가하고 있나.

1980년대 공업의 성장이 계속될 때, 소니 사장이 "농업은 필요 없다"고 말한 적이 있다. 당시 노무라증권과 같은 유명한 일본의 재벌들이 일본의 종자와 농업 기술을 가지고 브라질 등지에 나가서 해외 농지 개발을 시도했지만 결국 다 망했다. 기후와 풍토가 너무나 달랐기 때문이다. 사실 평가를 할 것도 없다.

　이제 와서 일본이 20년 전에 추진했던 '해외 식량 기지'를 만든다는 한국이 정말 무모한 것 같다. 중앙아시아는 한국과 기후 조건이 비슷하니까 일본의 전철을 밟지 않는다는 건가? 지금 중국이 브라질, 아르헨티나 땅을 많이 사서 비슷한 정책을 추진 중이다. 10년, 20년 후에 어떤 평가가 나올지 흥미롭다.

한국에서 지역 먹을거리 운동을 펼치려는 사람들에게 일본의 경험을 바탕으로 조언을 한다면?

지산지소 운동은 열대 과일처럼 일본에서 생산할 수 없는 것까지 자급하자는 뜻은 아니다. 우리 마을 농산물, 현(한국의 도)의 농산물, 혹은 국내산처럼 가능한 가까운 곳에서 생산한 먹을거리를 소비하는 게 좋다는 것이다. 그런 먹을거리야말로 가장 안전한 것이기 때문이다.

지역 먹을거리의 장점은 이뿐만이 아니다. 지역 먹을거리는 고유한 식문화를 지키는 가장 좋은 방법이다. 지역 먹을거리에 기반을 둔 지역의 고유한 식문화야말로 오랜 시간에 걸쳐서 검증된 그 지역 사람의 심신 건강에 가장 맞춤한 것이라는 사실은 아주 자명하다.

더구나 지역 먹을거리는 지역의 농민과 연대할 수 있는 가장 효과적인 방법이다. 농민이 농사를 포기하면, 결국 우리는 지속 가능한 삶을 유지할 수 없다. 일본, 한국을 막론하고 세계 곳곳에서 그런 농민이 벼랑 끝에 서 있다. 이제 그들에게 우리가 손을 내밀어야 한다. 지역 먹을거리 운동의 실천이 필요하다.

한국은 일본보다 훨씬 더 지역에 애착이 강한 것으로 알고 있다. 처음 시작하기가 어려울 뿐이지, 일단 불이 붙는다면 세계 어느 나라보다도 지역 먹을거리 운동에 대한 호응이 클 것이다. 특히 개인적인 바람이 있다면, 나한테 영감을 줬던 '신토불이' 운동이 한국에서 다시 한 번 부활하면 좋겠다.

GMO 홍보? 정부 역할 아니다!

　프랑스는 앞에서 설명했듯 시민의 대부분이 GMO를 반대하는 것으로 알려져 있다. 그러나 GMO를 생산하는 미국과 미국의 힘을 등에 업은 몬샌토 등 다국적 기업에서는 GMO의 유해성이 과학적으로 입증되지 않았다면서 프랑스를 포함한 세계 각국에 수입을 강요하고 있다. 이런 압력을 놓고 정작 프랑스 정부는 어떤 생각을 가지고 있을까?

　프랑스 정부의 입장을 듣고자 농림수산부에서 EU 정책을 담당하는 마르틴 뒤부아**Martine Dubois** 정책관과 실뱅 마에스트라치**Sylvain Maestracci** 정책관을 만났다. 이들은 "GMO 개발은 유럽에서도 1980년대부터 큰 관심거리였다. 그러나 수입은 조심스러울 수밖에 없다"고 말했다. 뒤부아 정책관은 계속해서 프랑스 정부의 고민을 토로했다.

　　프랑스 정부 앞에는 두 가지 현실이 놓여 있다. 일단, 프랑스 국민의 70퍼센트가 GMO를 먹지 않으려 하거나, 적어도 정보를 알고 먹기를 원한다. 한편, GMO는 새로운 산업 분야이기 때문에 농업 기업

차원에서는 연구 개발에 대한 욕구가 있다. 이 둘 사이에서 균형을 잡는 게 바로 정부의 역할이다.

뒤부아 정책관은 "먹을거리의 안전을 의심하기 시작하면 이성적인 토론을 할 수 없다. 과학 연구를 통해서 이런 논란을 불식시켜야 하고, 정부가 제시해야 하는 것은 바로 그런 과학 연구에 기반을 둔 결과"라고 말했다. 그는 이어서 "우리가 단지 먹고 싶지 않으니 수입을 할 수 없다고 (미국에) 말할 수는 없다"고 덧붙였다.

프랑스 정부는 GMO의 이점 중 하나로 가축 사료의 자급률이 높아지는 걸 들었다. 마에스트라치 정책관은 "GMO로 만든 수입 사료는 가격 면에서 도저히 따라잡을 수 없다. 가축 사료의 자급률을 높이기 위

프랑스 농림수산부의 마르틴 뒤부아와 실뱅 마에스트라치 정책관은
GMO의 장·단점을 판단하고 홍보하는 일은 정부의 역할이 아니라고 강조했다.

해서라도 GMO 개발이 필요한 측면이 있다"고 지적했다. 그는 "다만 프랑스 정부는 위험 가능성이 큰 몬샌토의 GM 옥수수 종자 'MON810' 생산은 금지하고 있다. 국민의 우려가 큰 상황에서 좀 더 엄격한 기준을 제시하는 건 정부의 의무"라고 설명했다.

그렇다면 프랑스 정부는 한국 정부가 미국산 쇠고기의 안전성을 대대적으로 홍보한 것을 어떻게 보고 있을까? 혹시 GMO의 안전성을 놓고 국민의 인식 전환을 유도하는 홍보 노력을 펼치고 있을까? 마에스트라치 정책관은 한마디로 "그런 정책은 없다. 그건 정부가 할 일이 아니다"라고 딱 잘라서 말했다

> GMO가 '좋다' 또는 '나쁘다' 홍보하는 건 정부가 할 역할이 아니다. 그건 GMO를 판매해서 이익을 보는 기업이 할 일이다. GMO가 들어와도 농민들은 자기들의 전통적인 방식대로 재배할 권리가 있고, 소비자도 선택할 권리가 있다. 정부가 펼치는 정책을 반드시 좋다고 강요할 수 없다.

알뜰 주부에게 묻는다!

배추 값이 오를 때마다 언론에 등장하는 표현, '금치金恥'는 한국 사회에서 먹을거리가 어떤 취급을 받는지 보여주는 상징이다. 4인 가족 기준으로 김치 10포기를 담그는 데 6~7만 원이 드는 걸 가지고 '금치' 운운하며 호들갑을 떨 때, 먹을거리와 그것을 생산하는 농민에 대한 존중심은 손톱만큼도 찾아볼 수 없다.

여름 내내 땡볕 더위 아래서 고생해 많아야 몇 십만 원을 손에 쥐었을 농민들이 이런 표현을 보고 느꼈을 참담함은 거론하지 말자. 쌀을 제외한 거의 모든 먹을거리를 외국에서 수입해 오면서, 매번 먹을거리 안전을 걱정하는 나라에서 이토록 먹을거리와 농민을 홀대하는 현실을 어떻게 이해할 것인가?

유기 농업으로 생산한 지역 먹을거리를 권할 때마다 늘 이런 질문을 받는다. "대형 할인점에서 판매하는 먹을거리보다 비싸지 않아요?" 물론 직접 거래를 권장하는 지역 먹을거리는 유통 마진이 없기 때문에 대형 할인점과 비교해도 가격이 비슷한 수준이다. 이렇게 답하면서도 한편으로는 이런 반문이 머릿속을 떠나지 않는다. "좀 비싸면 어떤가?"

2009년 2분기 통계청 자료를 보면, 가계 소비 중에서 먹을거리가 차지하는 비중은 고작 13.7퍼센트다. '엥겔의 법칙'을 들먹이면서 소득 수준이 높아질수록 소비에서 먹을거리가 차지하는 비중이 적은 게 당연하다, 이렇게 생각하는 사람이 있을 것이다. 그러나 현실은 꼭 그렇지 않다.

미국, 유럽, 일본을 비롯한 많은 나라에서는 오히려 가계 소비에서 먹을거리가 차지하는 비중이 높아지는 경향이 나타나고 있다. 소득의 높고, 낮음에 상관없이 먹는 데 좀 더 많은 돈을 쓰자, 이렇게 생각하는 소비자가 계속 늘어나고 있는 것이다. 시노하라 의원의 얘기를 들어보자.

일본에서 예전에는 대형 할인점과 같은 곳에서 이렇게 손님을 끌었다. '싸요! 싸요!' 그러나 지금은 그렇게 손님을 끌지 않는다. 대신 '지산지소' 매장이 생긴 것을 홍보한다. 이제 일본의 소비자는 조금 비싸더라도 맛있고, 안전한 먹을거리를 선택한다. 한 여론조사 결과를 보면, 다수의 소비자가 값이 1.3배~2배 비싼 맛있고, 안전한 먹을거리를 선택했다.

자코모 모욜리Zacomo Moyolly 전 슬로푸드 국제본부 부회장도 똑같은 얘기를 전한다. 그는 유기 농업으로 생산한 먹을거리는 비싸다, 이런 푸념을 듣자마자 고개를 저었다. 그는 "좋은 먹을거리를 먹는 데 과연 그렇게 돈이 필요한지 의심스럽다"며 스페인에서 가장 비싼 햄을 판매하는 한 상점의 얘기를 들려줬다.

나는 그 상점의 정말 비싼, 하지만 최고의 맛과 질을 자랑하는 햄을 도대체 누가 살지 유심히 관찰한 적이 있다. 놀랍게도 그 비싼 햄을 구입하는 사람은 대개 아주 소박한 옷차림의 평범한 주부들이었다. 단, 그들은 고가의 햄을 두세 조각만 구입했다. 그런 모습을 보면서 크게 깨달았다.

한국에 갔을 때, 경동시장에서 인삼을 산 적이 있다. 인삼도 가장 좋은 6년짜리는 아주 비싸다. 인삼을 사는 사람을 보면서, 그들 역시 비싼 인삼을 사고자 다른 소비를 줄인다, 이런 인상을 받았다. 바로 이것이야말로 좋은 먹을거리를 먹을 때, 염두에 둬야 할 점이다. 여유가 있어서 좋은 먹을거리를 먹는 게 아니다.

우리는 자동차, 휴대전화, 전자제품, 옷차림에 쓸데없는 돈을 소비하는 반면에 먹을거리에는 너무 적게 쓰고 있다. 이런 현실을 우리는 반성해야 한다. 나는 지금보다 훨씬 더 많은 돈을 먹을거리에 써야 한다고 생각한다. 전체 소비를 줄이는 대신 꼭 필요한 곳, 예를 들면 좋은 먹을거리를 사는 데 돈을 쓰는 것이야말로 나와 공동체의 삶을 바꿀 것이다.

지난 세기 우리는 시장에서 단돈 100원이라도 깎는 주부를 보면서 '알뜰 주부'라고 칭송했다. 그러나 이번 세기는 달라져야 하지 않을까? (남녀를 막론하고) 좋은 먹을거리를 제값에 사는 이들이야말로, 자신은 물론이고 가족, 사회, 더 나아가 지구를 지키는 파수꾼으로 칭송을 받으리라. ●

| 읽을거리 | ··

- **『식량 주권』**(피터 로셋 지음, 김영배 옮김, 시대의창 펴냄)

  시장에서 먹을거리를 상품으로 취급하면서 발생한 여러 가지 문제를
  일목요연하게 정리한 책이다. 특히 먹을거리 무역을 둘러싼 여러 가
  지 쟁점을 정리하는 데 큰 도움이 된다. 1장에서 소개한 『녹색평론』
  에 실린 글과 함께 읽는다면 먹을거리를 둘러싼 현재의 상황을 한눈
  에 정리할 수 있을 것이다.

- **『한미 FTA 핸드북』**(송기호 지음, 녹색평론사 펴냄)

  먹을거리를 휴대전화와 같은 공산품으로 취급하면서 나타날 문제를
  극적으로 보여주는 일이 한미 FTA와 같은 자유무역협정이다. 이 책
  은 한미 FTA의 협정문을 해설하면서 그것이 얼마나 큰 문제를 가지
  고 있는지 살핀다. 같은 저자의 다음 책과 함께 읽으면 좋다. 『곱창을
  위한 변론』(송기호 지음, 프레시안북 펴냄).

11장

'착한'
먹을거리,
과연
착하기만
할까?

브라이튼Brighton, 영국 런던의 워털루 역에서 남쪽으로 한 시간 동안 열차를 타고 가면 나오는 아름다운 해안 도시. 이곳에는 런던에 이어 두 번째로 큰 동성애자 공동체가 있다. '자유'가 온 도시를 휘감고 있는 탓인지 영국의 예술가들은 이곳을 "제일 살고 싶은 도시"로 꼽는다.

브라이튼의 인피니티푸드.

이 브라이튼의 시내 한복판에는 '인피니티푸드Infinity Foods'라는 큰 상점이 있다. 이곳에서는 유기 농업으로 생산된 지역 먹을거리뿐만 아니라 '페어 트레이드fair trade'라고 불리는 '공정 무역'을 통해 거래된 먹을거리를 판매한다. 이곳은 평일 오후에도 장바구니를 들고 먹을거리를 사는 이들로 붐볐다.

상점에는 '페어 트레이드' 라벨이 붙은 바나나, 파인애플뿐만 아니라 꿀, 커피, 초콜릿, 차 등이 소비자의 손을 기다리고 있었다. 이처럼 영국에서 공정 무역을 통해 거래되는 상품은 2007년 현재 약 2,000가지나 된다. 성장세도 가파르다. 최근 4년간 연 40퍼센트씩 비약적으로 성장했다.

급성장하는 공정 무역

인피니티푸드에서 1킬로미터 정도 떨어진 곳에 위치한 커피숍에서도 공정 무역 상품에 관심이 높아진 최근의 분위기를 확인할 수 있었다. 2킬로미터 정도 떨어진 거리에 스타벅스가 위치해 있었지만, 좁은 커피숍은 공정 무역 커피를 마시는 손님으로 붐볐다. 둘 사이의 가격 차이는 어떨까?

보통 일반 상품과 비교했을 때 공정 무역 상품의 가격은 1.5배 정도 비싼 것으로 알려져 있다. 그러나 공정 무역 커피숍의 값은 스타벅스에서 파는 것보다 오히려 더 쌌다. '오늘의 커피'의 경우, 스타벅스에서는 1.69파운드(약 3,400원)를 받았지만 공정 무역 커피는 1.4파운드(약 2,800원)만 받았다. 에스프레소, 모카커피 등 다른 종류의 커피를 비교해봐도 결과는 같았다.

브라이튼의 먹을거리 정책 개혁을 주도하는 '브라이튼앤호브푸드파트너십Brighton & Hove Food Partnership'의 코디네이터 앤 볼드리지Ann Baldridge 씨는 "최근 영국에서 공정 무역 상품 시장이 크게 성장하면서 일반 상품과의 가격 차이가 줄었다. 값이 낮아지면서 더 많은 시민이 공정 무역 상품을 찾고 있다"고 설명했다.

인피니티푸드에서는 바나나 등 공정 무역으로 들어온 다양한 먹을거리를 판매한다.

공정 무역에 맨 먼저 관심을 쏟기 시작한 영국에서는 불과 10년 만에 인구의 50퍼센트가 공정 무역 상품을 인지할 정도가 됐다. 공정 무역 바나나, 초콜릿, 커피 등이 더 많이 소비되면서 바나나, 코코아, 커피를 생산하는 제3세계의 농가는 이른바 '최소 가격'이라 불리는 정당한 대가를 제 몫으로 챙길 수 있을 것이다.

착한 무역의 등장

1990년대 중반부터 전 세계 빈곤을 극복할 유력한 수단으로 제안된 '공정 무역' 운동은 불과 10년 만에 큰 반향을 얻으며 자유 무역의 문제점을 해결할 유력한 대안으로 떠올랐다. 2000년 불과 150종에 불과했던 공정 무역 상품은 현재 2,000종에 이른다.

품목도 바나나, 초콜릿, 커피와 같은 먹을거리에서 꽃, 옷, 이불, 신발, 가구 등 전 품목으로 확대되었다. 이른바 '착한' 상품으로 불리는 공정 무역 상품은 국내에서도 일부 시민·사회 단체를 중심으로 널리 확산되고 있다. 이런 노력 덕분에 공정 무역 상품은 일상생활 속에서 쉽게 찾을 수 있다.

공정 무역 상품의 문제의식은 간단하다. 상품을 생산한 노동자, 농민에게 정당한 대가를 지불하자는 것. 이 때문에 공정 무역 상품은 세계 시장 가격과 상관없이 최소 가격을 생산자에게 지불한다. 예를 들면, 최근 수년간 '아라비카' 커피는 세계 시장에서 500그램에 70센트였으나 공정 무역 인증을 받은 커피는 평균 1달러 21센트의 최소 가격을 생산자에게 지불했다.

이런 식으로 공정 무역 먹을거리가 거래되면서 공정 무역 먹을거리 생산자가 얻은 이익은 연간 약 1억 달러(1,000억 원)다. 많은 연구 결과는 공정 무역 먹을거리 생산자가 공정 무역에 참여하기 전보다 평균 30~50퍼센트 정도 더 많은 소득을 올리는 것으로 보고한다. 이렇게 얻은 소득은 생산자의 빈곤 극복에 기여할 수 있다.

공정 무역 커피. 공정 무역은 생산자인 농민과 노동자에게 정당한 대가를 지불하자는 취지로 시작됐다.

공정 무역 운동을 하는 이들은 특히 '사회 초과 이익'에 주목한다. 사회 초과 이익은 공정 무역 상품에 최소 가격과는 별개로 추가로 지불하도록 한 것을 말한다. 즉 커피 500그램을 구입할 때 공정 무역 가격으로 지불되는 1달러 26센트에는 농민에게 정당하게 지불돼야 할 최소 가격 외에 5센트가 더 포함돼 있다.

생산자는 이 사회 초과 이익을 활용해 장기적인 관점에서 지역 공동체의 가난을 극복할 수 있는 방안을 궁리한다. 가나, 우간다. 인도, 코스타리카 등 세계 곳곳에서 이 사회 초과 이익은 지역에 학교, 병원을 짓거나 좀 더 지속 가능한 농업으로 전환하는 데 들어가는 비용으로 사용된다.

영국에서는 세인즈베리, 테스코와 같은 대형 할인점에서도 공정 무역 바나나와 같은 상품을 쉽게 찾을 수 있다. 공정 무역 먹을거리가 완전히 제도권 안으로 진입한 것. 스타벅스에서 공정 무역 커피를 취급하는가 하면, 초국적기업 네슬레에서 공정 무역 인증을 받은 상품을 판매해 논란이 일기도 했다.

공정 무역
먹을거리를 보는 두 시선

허남혁 로컬푸드시스템연구회 간사는 "어차피 지역에서 생산된 먹을거리만 섭취하는 게 현실적으로 불가능하다면 외국에서 생산된 먹을거리를 공정 무역을 통해 확보하는 것은 사회적으로 큰 의미가 있다. 지속 가능한 방법으로 생산된 먹을거리를

공정 무역 먹을거리는 여러 장점이 있지만 한계도 만만
치 않다는 지적이다.

생산자에게 정당한 대가를 주고 구
매하는 것은 지역 먹을거리 운동의
정신과도 부합한다"고 설명했다.

지역 먹을거리 운동은 단지 지역
에서 생산된 먹을거리를 소비하는
것에 그치지 않는다. 이 운동은 생산
자가 계속 먹을거리를 생산할 수 있
는 여건을 마련하고, 더 나아가 먹을
거리의 생산 · 유통 · 소비 전 과정
이 환경, 인권 등의 가치에 부합하도
록 하는 것을 포함한다. 허 간사의
지적은 이런 점을 염두에 둔 것이다.

그러나 공정 무역의 문제점을 지
적하는 목소리도 있다. 볼드리지 씨는 "남아메리카, 아프리카, 아시아
의 생산자는 코코아, 커피와 같은 선진국 소비자의 기호품을 생산하
는 데 평생 자신의 노동을 투여해야 한다. 공정 무역을 통해서 손에 들
어오는 돈은 좀 더 늘겠지만 생계를 선진국 소비자에 의존하는 구조는
더욱더 고착화할 것"이라고 지적했다.

생산자와 소비자의 거리를 결코 좁힐 수 없는 현실도 문제이다. 볼드
리지 씨는 "소비자는 국제공정무역협회WFTO·World Fair Trade Organization에
서 보증한 단체로부터 공정 무역 바나나, 커피, 초콜릿을 상대적으로
높은 가격으로 구매한다. 아무리 생산자에 대한 여러 가지 정보를 소비
자에게 제공한다고 하더라도 상호 간의 관계는 근본적으로 단절돼 있

다"고 지적했다.

원거리 먹을거리 무역,
언제까지 가능할까?

브라이튼의 또 다른 먹을거리 개혁
을 주도하는 단체인 '푸드매터Food Matters'의 코디네이터 빅토리아 윌리
엄스Victoria Williams 씨 역시 공정 무역 먹을거리에 부정적이었다. 윌리엄
스 씨는 "공정 무역 먹을거리는 결코 지속 가능하지 않다"고 지적했다.
그는 "공정 무역 먹을거리도 지역의 고유한 농업 대신 사탕수수, 커피
와 같은 단작單作의 결과물일 뿐"이라고 설명했다.

윌리엄스 씨는 "그렇게 단작으로 생산된 먹을거리가 지금은 아무런
문제없이 선진국 소비자에게 공급된다. 만약 석유 고갈 사태가 초래되
거나, 온실가스 감축에 대한 압력 때문에 먹을거리의 원거리 이동에 드
는 비용이 훨씬 더 커졌을 때도 이런 공급이 가능할지 따져봐야 할 시
점"이라고 지적했다.

이런 사태가 초래되면 그 결과는 뻔하다. 1990년대 초반 쿠바에서
그랬듯이 생산자는 더 이상 판로를 찾지 못해 몰락할 것이며, 소비자는
공정 무역 먹을거리에 접근할 수 있는 경로 자체가 차단될 것이다. 윌
리엄스 씨는 "철저한 자본주의자였던 케인스가 '물건은 가능한 한 국
산품이 바람직하다'고 강조했던 이유를 지금의 맥락에서 되새겨볼 때"
라고 지적했다.

윌리엄스 씨는 "우리는 먹을거리의 우선순위를 따져야 한다. 나의

경우에는 ①유기 농업으로 생산된 지역 먹을거리, ②관행 농업으로 생산된 지역 먹을거리, ③유기 농업으로 생산된 먹을거리, ④공정 무역 먹을거리 순으로 정하고 있다"고 지적했다. 그는 "지역 먹을거리는 '선택'이 아니라 '필수'라는 사실을 인정해야 할 상황이 도래했음을 하루 빨리 인식해야 한다"고 덧붙였다.

커피, 코코아로 굶주림을 해결할 수 없다

실제로 '무역' 대신 '자급'을 목표로 미래를 준비하는 움직임도 있다. 케냐의 'ABLH^{The Association for Better Land Husbandry}'는 그 대표적 예다. 1994년 케냐의 전통 농업을 지키려는 목적으로 설립된 이 단체는 수천 명의 소농이 지역 먹을거리를 생산·유통·판매할 수 있도록 돕고 있다.

이들 농민은 생산한 먹을거리로 자급할 뿐만 아니라 '파머오운 Farmer's Own·농민의 것'이라는 상표로 지역 및 전국 시장에 먹을거리를 판다. 식민지가 되기 전 스스로 자급자족했던 수천 년간의 전통을 다시 회복하려는 농민의 자발적인 움직임이 아프리카에서 시작된 것이다. 이런 움직임을 놓고 볼드리지 씨는 이렇게 정리한다.

커피, 코코아를 재배하는 농민은 선진국 소비자가 돈을 지불할 때까지 결코 굶주림을 해결할 수 없지만, 지역 먹을거리를 생산하는 농민은 결코 굶주리는 일은 없다.

군대 대신 농촌으로 젊은이를 보내볼까?

박진도 충남대 교수(경제학·지역재단 상임이사)는 대다수 지식인이 농업·농촌 문제와 같은 먹을거리 문제를 외면한 지난 30년간 이 문제를 고집스레 붙들어왔다. 지난 2004년부터는 지역재단 활동을 통해서 농업·농촌을 살리려는 다양한 실천으로 먹을거리 문제를 해결하는 데 힘을 쏟고 있다. 그와 함께 여전히 풀리지 않는 문제의 해법을 모색해 보았다.

먹을거리 문제를 해결하려면 농업·농촌을 살려야 한다. 그런데 농업·농촌 위기의 가장 큰 원인 중 하나는 바로 '주체의 위기'가 아닌가 싶다. 당장 농촌의 고령화 현상이 심각하지 않나?

박진도 충남대 교수.

10년 전쯤 미국에서 농업을 연구하는 한 학자와 이런 얘기를 한 적이 있다. 내가 한국 농촌의 고령화가 심각하다고 했더니, 그 학자가 이런 얘길 하더라.

> 미국도 농업 경영인의 평균연령이 58세다. 그런데 그게 무슨 문제냐? 원래 농사는 나이 많은 사람이 짓는 거다.

물론 미국의 경우는 한국과 차이가 있다. 미국의 농업 생산을 담당하는 핵심은 기업과 연계된 대농이니까. 그럼에도 불구하고, 이 학자의 말은 미국도 농촌 사회의 핵심은 나이 많은 사람이라는 것이다. 내가 이 얘기를 꺼낸 건 고령화에 대해서 우리가 다시 생각해볼 필요가 있다는 얘기를 하고 싶어서다.

우선 한국은 전 세계에서 가장 빠른 속도로 고령화가 진행되고 있다. 특히 농촌에서. 그런 면에서 고령화 문제를 심각하게 받아들이고 대책을 세우는 건 당면한 중요한 과제다. 그런데, 한편으로는 한국 사회에서 고령화가 제대로 이해되지 못하는 측면이 있다. 농촌 고령화 역시 마찬가지다.

미국 학자의 말대로 나이 많은 사람도 농사에서 중요한 역할을 할 수 있다. 수천 년간 그래왔고. 그런데 자꾸 규모화, 생산성 이런 얘기를 하면서 노인보고 농사에서 손을 떼라, 이런 게 최근 분위기다. 농업의 주체로서 노인이 할 수 있는 역할이 많은데, 그 역할을 주지 않고 자꾸 뺏는 쪽으로 정책을 추진했다.

고령화도 문제지만 고령화된 그들을 농촌 지역의 주체, 농업 생산 노동력으로서 어떻게 위치 지을 것인가 하는 고민이 없다. '노인들은 떠나라, 여건이 되면 몇 푼 쥐어줄게.' 이런 식이다. 그런데 앞으로 농촌에서 고령화는 더욱 진행될 수밖에 없다. 젊은이가 늙어서 노인이 되는 것 아닌가. 반면에 젊은 사람들이 농촌에 대량으로 들어올 가능성은 당분간 거의 없다. 그럼, 그때는 어떻게 할 것인가?

요약하자면, 고령화가 사회 전체적으로 또 농촌에서 아주 급속히 진행되니까, 심각한 문제의식을 갖고 고령화에 대응하는 게 필요하다. 그렇지만 당장 더욱 중요한 것은 농촌에 살고 있는 노인들을 소외시키지 않고 그 분들을 어떻게 사회, 경제적 주체로서 자리매김할 수 있느냐, 이런 고민이 필요하다. 지방자치단체도 노인에게 어떻게 일자리를 만들어줄까, 이런 고민을 해야 한다.

그렇게 노인이 농촌의 사회, 경제 주체로 서게 되면 노인은 삶의 보람을 느끼고, 노동하면서 건강해지고, 정부는 복지 부담이 줄어드는 등 여러 가지 긍정적인 측면이 있다. 지금은 말로는 떠나라고 하고, 정작 해주는 게 없어서 사실상 '사회적 죽음'을 가속하는 현실이다. 이런 식으로는 결코 고령화하는 농촌 문제를 풀 수 없다.

그렇다고, 농촌의 노인들이 농업·농촌 문제의 해법을 제시할 주체라고 보기에는 여러 가지 한계가 있다.

그렇다. 사실 그런 점이 답답한 부분이다. 지금 농촌의 노인은 대부분 농부 병을 앓고 있다. 아무나 잡고 물어보면 몸이 불편하지 않은 이가 거의 없다. 부부 두 사람이 살다가 남편이 먼저 죽고 할머니만 남아 그런 할머니들이 자기들끼리 의지하고 사는 게 지금 한국의 많은 농촌 풍경이다. 그 분들에게 농업의 미래를 맡기는 건 가능하지도 않고, 또 부당한 부담을 지우는 것이다.

이렇게 농촌 사람은 늙어가고, 도시 사람은 농촌으로 안 들어가는 비관적인 상황을 어떻게 볼 것인가? 이제 더 이상 농촌을 살릴 수 있는 가능성은 없는가? 사실 지금까지 농촌에 살고 있는 사람들의 상당수는 근대화 과정에서 도시로 빠져나갈 수 없었던 사람, 즉 어쩔 수 없이 농촌에 남은 사람들이 대부분이다.

물론 농촌에 남아 고향을 지키고 농업과 농촌을 살리기 위해 노력한 사람도 없지 않지만 그 수가 매우 적고 농촌의 주류를 이루지 못했다. 이런 상황에서 농업·농촌의 가치가 제대로 부각될 수 없다. 농촌은 도시에 지배당하는, 수동적인 위치에 남을 수밖에 없었다.

그러나 이렇게 농업이 치명적인 위기에 빠졌지만 여전히 농업·농촌의 역할이 없어진 건 아니다. 농업 없이 한국 사회가 존재할 수 없으니까. 더 나아가 여전히 농업의 가치를 좇는 이들이 있다. 또 도시 문명에 비판적인 사람이 늘면서 그들이 다시 농촌을 재평가하고 있다.

이렇게 농업·농촌의 가치를 적극적으로 평가하고 그것을 농촌의 삶으로 실현해보려는 사람들, 이런 사람들이 바로 농촌의 주체가 돼야 한다. 비록 농민의 수가 줄고, 고령화가 진전된다고 하더라도, 그 속에서 소수일지라도 이런 사람들의 수가 늘어난다면, 그리고 그들이 주도해 농촌이 새로운 모습으로 조금씩 변화한다면, 그들이 만들어놓은 가능성을 보고 도시에서도 농촌으로 사람들이 올 것이다.

바로 이런 과정을 통해서 지난 수십 년간 깨진 농촌과 도시의 균형이 다시 회복될 수 있다. 지금 우리가 해야 할 일은 그런 균형이 좀 더 빨리 이뤄질 수 있도록 하는 일이다.

일부 학자는 농촌 살리기를 위해서 젊은이를 군대에 보내는 대신 농촌에서 3~5년간 일하도록 하는 안을 내놓았다. 썩 그럴듯한 아이디어 아닌가?

나는 그렇게 생각하지 않는다. 농사를 싫어하는 사람, 땅을 혐오하는 사람을 강제로 농촌에 데려다 놓는다고 해서 그들이 농촌의 새로운 주체로 거듭날 가능성은 거의 없다. 여러 가지 부작용만 생길 가능성이 크다. 나는 차라리 다른 방식으로 이 문제를 해결할 수 있을 것 같다.

예를 들면 교사 문제를 살펴보자. 지금 교사들은 도시, 농촌을 구분하지 않고 임용한다. 그리고 교사는 사실상 강제로 일정 기간 농촌 학교에서 근무해야 한다. 그 부작용은 잘 알 것이다. 다들 기피하니 도시 출신의 초임 교사들이 농촌 학교에 우선 배치되고, 교사는 교사대로 학생은 학생대로 상처를 받는다.

아예 이러면 어떨까? 도시, 농촌을 구분해서 임용을 하는 것이다. 농촌 출신, 아니 도시 출신 중에도 남다른 사명감을 갖고 농촌 학교에서 일하려는 이들이 분명히 있다. 공무원을 임용할 때도 마찬가지고. 이들에게 기회를 준다면 농촌에 훨씬 더 도움이 되지 않을까. 바로 이런 이들이 농촌을 지키는 새로운 주체로 거듭날 수 있다.

지역 먹을거리에서 알 수 있듯이 이 책을 관통하는 열쇳말은 지역

이다. 왜 중앙이 아닌 지역에 주목해야 하는가?

개인적인 얘기부터 하자면 경제학자로서 30년간 농업·농촌 문제를 연구하면서 많은 무력감을 느꼈다. 그간 나를 비롯해 진보적인 학자를 포함한 많은 학자의 관심은 전부 중앙에 있었다. 국가에 변화를 요구하고, 또 그 과정에서 민주화 등 많은 진전이 있었지만, 농업·농촌 쪽은 변화가 거의 없고 여전히 소외되고 있다.

성장 지상주의에 기초한 효율성과 생산성만 강조하는 농정이 바뀌지 않으니 매번 같은 문제가 반복되었다. 그런 걸 보면서, 공허한 생각이 들었다. 바꿀 의사가 없는 사람보고 자꾸 바꾸라고 하고, 안 바꾼다고 성질내고, 그러다 지치고. 즉 이렇게 중앙을 바꾸려는 노력은 지난 수십 년간의 경험을 염두에 둘 때, 기약 없는 싸움이라는 생각이 들었다.

가만히 생각해보니 그 원인도 분명해 보였다. 일단 중앙은 '성장 동맹'이라고 불리는 실체가 있는 아주 강고한 세력이 지배한다. 이에 반해서 농업·농촌을 변호해줄 세력은 아무도 없다. 시민·사회 단체도 별 관심이 없고, 학자들도 농업·농촌의 문제는 회피한다. 이렇게 고립된 이유는 바로 지역에서 그런 문제를 풀려는 노력, 실천이 없었기 때문이다.

지역에 저항 주체가 있고, 그들의 실천이 있으면, 그걸 보면서 학자, 언론도 관심을 가지게 되고, 그런 과정을 거쳐서 성장 동맹에 맞서는 세력을 규합할 수 있는데, 수동적으로 당하고만 있으니, 농촌을 망가뜨리는 세력에 맞서는 대항 세력이 뿌리를 내릴 수 없었던 것이다.

결국 지역이 자기 스스로가 무너지지 않도록 노력하지 않는 한 이 농업·농촌 문제의 해결은 불가능하다는 데까지 생각이 미쳤다. 즉 지역에서 고민하는 이들이 얼마나 존재하느냐, 또 그들이 얼마나 새로운 농업·농촌을 만들고자 실천하느냐에 따라서 농업·농촌의 회생이 가능하

죽어가는 한국 농업의 회생은 가능할까?

다는 것이다. 그런 흐름이 축적되면 결국 중앙도 바꿀 수 있을 테고.

'내발적 발전', 이런 걸 강조한다

내발적 발전Endogenous Development은 '외생적 개발'과 대칭되는 개념이다. 지금까지 농촌의 발전은 바로 외생적 개발에 따라서 이뤄졌다. 즉 도시에 비해서 농촌이 낙후돼 있으니, 도시처럼 개발을 해야 한다, 개발을 위한 물적, 인적 자원은 외부로부터 끌어오자, 이런 논리의 개발 전략이다. 그런데 그렇게 수십 년을 한 결과가 어땠나?

우리나라는 물론 다른 나라에서도 성공한 적이 없다. 농촌과 도시의 격차는 더 벌어지고, 지역은 더 황폐해졌다. 또 외부의 자원에 의존하다 보니 자원이 들어왔을 때 일시적으로 흥했다가, 자원이 빠져나가면 피폐해지는 식으로 농촌의 도시 종속만 더 심해졌다. 또 외부의 개발 주체의 관심에 따라서 지역 간 편차도 심해졌고.

이런 외생적 개발의 문제점을 직시하면서 나온 게 바로 내발적 발전

이다. 앞에서 강조했듯이 농촌 문제 해법의 실마리는 스스로의 문제를 해결할 주체를 만들어내는 것이다. 사람만 있으면 그 사람이 자기 문제를 알아서 풀 테니까. 내발적 발전은 그들이 발전 동력을 내부에서 찾아야 함을 강조한다(지역 내부의 자원을 최대한 활용하라).

물론 현재 농촌이 피폐해 있으니까, 외부 지원이 불가피한 측면이 있다. 그러나 외부의 지원을 내부에서 주체적으로 활용하지 못하면 결국 정부의 농업·농촌 지원이 실패했듯이 실패로 돌아갈 수밖에 없다. 그 피해는 또 고스란히 농업·농촌의 몫이 되고(외부의 지원을 주체적으로 활용할 수 없다면 아예 받지 마라).

중요한 다른 한 가지는 발전 성과를 지역에 남기는 것이다. 예를 들어 펜션을 보라. 지역의 환경을 훼손하면서 들어선 펜션의 성과는 대부분 외지인이 가져간다. 이런 발전은 안 하느니만 못하다. 꼭 경제 성과뿐만 아니라 사회, 문화, 환경을 염두에 둔 통합적인 발전을 고민하는 게 필요하다(경제, 사회, 문화, 환경을 함께 염두에 둔 발전을 추구하고 그 성과를 지역에 남겨라).

이 책의 핵심 주장은 지역 먹을거리다. 많은 학자는 이런 지역 먹을거리가 결코 대안이 될 수 없다고 지적한다.

물론 '로컬푸드 체계'가 과연 '글로벌푸드 체계'를 대체하는 지배적인 방식이 될 수 있을지 회의할 수는 있다. 생산자와 소비자가 직접 연결할 수 있는 영역이 얼마나 되겠느냐, 이런 식의 의문 말이다. 그런데 사실 그런 식의 질문을 던지는 게 지금 한국의 상황에서 얼마나 의미가 있는지 모르겠다.

　로컬푸드 체계가 상당히 구축돼 있는 것도 아니고 이제 막 그런 움직임이 나타나기 시작했는데, 벌써부터 이게 대안이 될 수 있는지를 묻는 건 시기상조다. 지금은 오히려 생산자와 소비자를 직접 연결할 수 있는 영역을 확장하는 데 관심을 기울이는 게 더 낫지 않을까? 실제로 지역에서 이런 로컬푸드 체계를 구축할 잠재력은 충분히 있다고 생각한다.

　개인적으로는 전국 시장보다 지역에서 경쟁력을 확보하는 게 생산자, 소비자 양자에게 이익이 된다고 생각한다. 지금은 지역에서 생산한 먹을거리를 서울의 도매 시장으로 보내고, 많은 유통 과정을 거쳐 다시 지역의 소비자에게 돌려보내는 구조이다. 지역에서 생산자와 소비자가 신뢰를 기반으로 연결되면 이런 불합리한 구조가 충분히 바뀔 수 있다.

과연 실험이 성공할 수 있을까? 지역에서 생산자와 소비자의 직접 연결을 통해 경쟁력을 확보하는 게 현실적으로 가능한가? 특히 이마트와 같은 유통 자본 영향력이 급속히 커지는 현실을 염두에 두면 암담하다.

이렇게 생각을 해보자. 항상 문제의 근원을 따지고 들어가면 근본적인 해법이 필요하다. 초국적 금융 자본이 지배하는 자본주의 체제의 극복과 같은 식으로 말이다. 먹을거리 문제 역시 마찬가지다. 세계의 먹을거리를 지배하는 유통 자본을 어떻게 할 것인가, 이렇게 문제를 제기하면 결국 또 근본적인 해법이 필요하고……

그렇게 따지다 보면 결국 개인이 할 일은 무력감을 느끼는 일 뿐이다. 이젠 좀 다르게 접근해보자. 큰 그림을 그려놓고 안 된다고 하지 말고, 당장 할 수 있는 실천에 주목하자. 실제로 곳곳에서 의미 있는 실천이 진행되고 있고, 때로는 그런 실천이 도저히 깨질 것 같지 않은 권력을 흔드는 결정적 계기가 된다.

자꾸 대안 얘기를 많이 하는데, 지금 필요한 것은 대안 담론도 중요하지만 그것을 누가, 어떤 실천을 할 것인가, 바로 이 문제에 더 집중해야 하지 않을까? 학자들이 글 쓴다고 실천이 되는 게 아니다. 다른 질서를 만드는 사람들이 있어야 한다. 방금 지적한 질문도 이런 관점에서 생각하면 답이 명확하다.

대형 유통 자본이 재래시장을 대체하는 바람에 생산자와 소비자의 직접 연결 같은 로컬푸드 체계를 만드는 게 어렵다. 어떻게 할 것인가? 결국 해법은 하나다. 어렵더라도 재래시장을 활성화하고, 생산자와 소비자의 직접 연결을 지속적으로 시도하는 수밖에 없다. 목마른 사람이 우물을 먼저 파야지, 누가 파주길 기다리다간 결국 죽을 수밖에 없다.

생각하기

농약에 의존하는 농민, 밉지만……

앞에서 언급했듯이 영국 브라이튼에서 만난 윌리엄스 씨는 먹을거리의 우선순위를 이렇게 제시했다. ①유기 농업으로 생산된 지역 먹을거리, ②관행 농업으로 생산된 지역 먹을거리, ③유기 농업으로 생산된 먹을거리, ④공정 무역 먹을거리. 이런 순위를 보면서 여전히 고개를 갸우뚱할 이들이 많을 듯하다.

유기 농업으로 생산된 지역 먹을거리를 선택하는 것은 당연하다. 그런데 왜 관행 농업으로 생산된 지역 먹을거리를 옹호해야 하는가? 비록 원거리를 이동했더라도 뉴질랜드, 오스트레일리아, 중국 등에서 유기 농업으로 생산한 먹을거리나, 제3세계 농민에게 공정한 대가를 치른 공정 무역 먹을거리를 옹호해야 하지 않을까?

이런 질문에 답하기 전에 6장에서 소개한 장일순 옹의 얘기를 들어보자. 1991년 한국을 대표하는 생활협동조합 한살림에서 있었던 일이다. 당시 한살림에서는 질이 낮은 유정란을 계속 공급하는 생산자를 어떻게 할지를 놓고 내부 갈등이 있었다. 세상을 바꾸려면 자본주의 시장 논리에 지배되는 밥상부터 바꾸자고 강조해온 장일순 옹은 어떤 입장을 취했을까?

덮어놓고 자꾸 차원을 높이는 것은 안 됩니다. 수많은 사람들이 한살림에 동참하게 해야 합니다. 그러니까 유기 농업을 하는 농민뿐만 아니라 농약을 쓰고 화학 비료를 쓰고 그러는 농민까지 안고 가야 합니다. (……) 자기 승화 없이 자기 노력 없이 어떻게 이 운동을 해나갈 수 있겠습니까?

소비자 입장에서는 질이 낮은 유정란을 공급하는 생산자를 내치는 게 당장은 편하다. 그러나 그런 식으로는 결코 지역의 농민이 바뀌지 않는다. 끊임없이 관행 농업으로 먹을거리를 생산하는 농민을 설득해나가는 일이야말로 장기적으로는 생산자, 소비자 모두에게 이익이 되는 일이다. 장일순 옹은 바로 이런 노력을 강조한 것이다.

수십 년간 관행 농업에 익숙해 있는 지역 농민이 당장 유기 농업으로 전환하는 것은 불가능하다. 그러나 학교, 직장, 식당 등에서 지역 먹을거리를 구매하고, 동시에 지역 농민에게 '우리는 유기 농업으로 생산한 먹을거리를 원한다,' 이렇게 말한다면 '전환'은 훨씬 더 빨리 이뤄질 수 있을 것이다.

바로 이 지점에서 지역 먹을거리 운동은 단지 좋은 먹을거리를 좇는 유행과 선을 긋는다. 지역 먹을거리 운동은 이웃과 함께 자연과 조화를 이루는 공동체를 만드는 과정이다. 자, 당신은 이 변화에 동참할 준비가 돼 있는가? 시작은 어렵지 않다. 당신의 장바구니를 바꾸는 데서 '밥상혁명'은 시작된다. 🍎

- 『**공정한 무역, 가능한 일인가?**』(데이비드 랜섬 지음, 장윤정 옮김, 이후 펴냄)

  바나나, 카카오, 커피와 같은 먹을거리를 생산하면서 제3세계 농민이 얼마나 고통을 받고 있는지를 고발한다. 또 이런 고통을 덜어주려는 시도로 시작한 공정 무역의 긍정적 가능성을 살펴본 책이다. 이 장에서 살펴본 공정 무역 먹을거리를 비판하는 목소리를 염두에 두고 읽어볼 만하다.

- 『**그래도 농촌이 희망이다**』(박진도 지음, 한울 펴냄)

  지금 우리의 먹을거리를 둘러싼 현실이 이 지경이 된 데는 농업·농촌의 희생을 강요한 잘못된 경제 정책 탓이 크다. 바로 그렇기 때문에 정부와 시민이 머리를 맞댄다면 새로운 대안을 마련하는 것이 가능하다. 원인을 진단하고 대안을 고민하려는 이라면 꼭 읽어봐야 할 책이다.

우리는
외롭지
않다

책을 낼 때마다 '관계'를 한 번 더 고민하게 된다. 밥상에 오르는 쌀 한 톨이 수많은 이들의 사연을 담고 있듯이, 책 역시 마찬가지다. 이 책에도 글쓴이로 이름을 올린 둘 외에도 많은 사람이 드러나지 않는 고생을 했다. 일일이 열거할 수 없을 정도로 많은 이들의 도움을 받았다.

우선 먹을거리 문제에 관심을 두게 된 데는 『녹색평론』, 지역재단, 모심과살림연구소 등에서 활동하는 선생님들의 고민과 실천에서 큰 영향을 받았다. 특히 김성훈, 김종철, 박용남, 박진도, 박승옥, 송기호, 윤형근, 윤병선, 변홍철, 박창규 선생님이 없었다면 이 책은 애초에 세상에 나올 수 없었을 것이다.

갈피를 못 잡고 헤맬 때마다 말과 글로 날카로운 조언을 아끼지 않은 허남혁, 한재각 선생님은 이 책의 또 다른 저자다. 특히 두 사람은 영국 취재에 동행하면서 자칫 못 보고 넘어갔을 많은 사실을 짚는 수고를 마다하지 않았다. 이들과의 많은 대화는 이 책 곳곳에 녹아 있다.

늘 격려와 질책을 아끼지 않는 『프레시안』의 선배, 동료에게도 고마움을 표시하고 싶다. 특히 국내외 취재에 동행하며 고생했던 전홍기혜·여정민·채은하 기자는 사실상 이 책의 공동 저자다. 후배의 책을 위해서 직접 찍은 사진을 내놓은 것은 물론이고, 새로 그림을 그리는 수고를 마다하지 않은 손문상 화백에게도 각별한 고마움을 표시하고 싶다.

취재 과정에서 도움을 준 미국 엄수려, 영국 진주연·유지형·김혜진, 일본 이현정·곽하나·스나가 요코須永 陽子, 캐나다 김경현, 프랑스 최정아·윤정인·쥬느비에브 사비니, 대구 김병혁 선생님, 따뜻한 격려를 아끼지 않으며 집필 과정을 지켜봐온 정광일 대표를 비롯한 살림터 식구에게도 감사의 인사를 전한다.

취재와 집필 계획을 듣고 격려해준 '양구와 함께' 친구들, 수년간 이곳저곳에서 만나서 먹을거리를 놓고 토론했던 농민·시민들, 2008년 여름 넉 달 동안 촛불을 들었던 시민들에게도 연대의 인사를 전한다. 우리는 그들을 보면서 앞으로 걸어갈 길이 외롭지 않으리라고 확신했다.

2009년 11월
강양구, 강이현

지구를 살리는 맛있는 혁명이 시작됐다!

밥상혁명
세상을 바꾸는 21세기 생존 프로젝트

강양구 · 강이현 지음 | 2009 | 실림터

　요즘 자녀를 학교에 보내는 부모치고 학교 급식에 관심 없는 이가 없을 것이다. 학교 무상급식을 둘러 싼 대립으로부터 급식의 안전성과 품질 문제 등등. 그런데 이 문제를 하나의 교육정책 항목으로 다루는 수준에서 한 걸음 더 나아가, 학교 급식이라는 화두를 통해 인간관과 세계관을 조망하는 경지에까지 이를 수는 없을까?

　이런 점에서 일본의 경험은 우리에게 음미할 만한 사례가 된다. 이른바 '먹을거리 교육'이 그것이다. 교육이론가들의 아이디어 차원이 아닌 정부 차원의 공식 정책이다. 2005년에 먹을거리 기본법까지 제정되었다고 한다. 이 법은 그 전문에서 "아이들이 풍부한 인간성을 키우고 살아가는 힘을 몸에 익히기 위해서는 무엇보다도 '먹을거리'가 중요하다. ……그것은 살아가는 데 있어서의 기본이다……"라고 선언한 후 다음과 같이 경고한다.

　"국민의 식생활에서 영양 불균형, 불규칙한 식사, 비만과 같은 생활

습관병 증가, 과도한 다이어트, 먹을거리의 안전 문제, 외국 의존 문제가 생기고 있다."

이 한 문장 속에 인간의 삶과 건강, 근대성의 한계, 지구화의 폐단이 강력하게 암시되어 있다. 총리가 의장을 맡는 추진위원회가 생겼고, 정부와 지자체 차원에서도 이 정책이 시행되고 있으며, 국회에 매년 이행 사항을 보고해야 한다. 지역에서 나는 먹을거리를 학생들에게 가르치고 생산자와 영양사가 상의해서 급식의 내용과 질을 결정한다. 한마디로 말해 건강한 먹을거리 문화의 정착을 위해 전 사회가 발 벗고 나선 것이다. 얌전한 모범생 같아 보이는 정책이지만 그것의 실천적 함의를 살펴보면 식품의 상업화, 다국적 기업, 정치지리학 등의 근본적 문제들을 해결하기 위한 야심이 엿보인다. 이 정도면 일본 생활정치의 수준을 짐작할 만하다.

여기서 우리나라를 한번 돌아보자. 학교급식 운동의 연장선상에서 최근 시민운동 쪽에서 식생활교육기본법을 제정하자는 목소리가 나오고 있다. 그러나 2006년에 발생했던 기업제공 식자재 식중독 사건 이후 학교 급식을 2010년까지 직영 급식으로 전환하도록 개정된 학교급식법을 다시 무효로 하려는 개정안을 일부 국회의원들이 제출해놓은 상태다. 사회적 퇴행의 징표다. 우리 식중독 사건을 전해 들은 일본의 한 영양사가 이렇게 되물었다고 한다.

"한국에서 학교급식을 정말 대기업이 좌지우지하나요? 어떻게 그 중요한 교육을 대기업에 맡길 수가 있죠?"

아이들의 밥그릇에까지 장사논리를 들이대고 있는 우리 사회의 천박상과 물신성에 자괴감을 느끼지 않을 수 없다.

지금까지의 설명은 『밥상혁명』에 소개된 수많은 사례들의 하나에 불과하다. 이런 식의 생생한 사례들을 훑어가다 보면 어느새 이 책의 마지막 페이지를 넘기고 있는 자신을 발견할 수 있다. 놀라움과 분노와 희망이 한꺼번에 축약되어 있는 책, 그것이 이 책을 덮으면서 든 느낌이다. 최근 몇 년 사이 먹을거리에 대한 책들이 적지 않게 나와 있지만 『밥상혁명』은 몇 가지 확실한 특징을 지니고 있다.

첫째, 이 책은 투철한 문제의식으로 무장한 현직 언론인들이 철저한 현장조사를 거쳐 완성해낸 의지와 발품의 산물이다.

먹을거리의 생산과 유통 현장을 찾아 국내를 샅샅이 훑은 것은 물론이거니와 해외로도 눈을 돌려·미국, 영국, 인도, 일본, 프랑스, 캐나다 등의 먹을거리 운동 현장을 직접 취재했다. 이 정도로 넓은 폭과 현장성이라면 국제 저널리즘의 기준으로 보더라도 높은 차원의 시도라 할 만하다. 미국 같았으면 당장 퓰리처상 탐사보도 분야의 후보 목록에 올랐을 것이 분명하다.

둘째, 이 책은 곳곳에서 저널리스트의 날카로운 현실감각으로 원론적 차원의 문제의식을 한 단계 업그레이드하고 있는 수작이다.

그 결과, 스스로 꽤 진보적인 사고를 가졌다고 자부하는 독자라도 섣부른 결론을 내리기 전에 좀 더 깊이 생각해볼 고민거리를 선사받는다. 예를 들어보자. 건강과 환경에 조금이라도 관심이 있는 사람이라면 유기농 먹을거리와 친환경 식품이 좋다는 데 찬성할 것이다. 그리고 할 수만 있다면 농약 친 농산물을 피하고 싶을 것이다. 그렇다면 좋은 농산물만 찾아 먹기만 하면 문제가 해결될까?

이 책의 "농약에 의존하는 농민, 밉지만……"이라는 부분에 다음과 같은 질문이 나온다. 다음 중 무엇을 선택해야 할까? 1) 먼 나라에서 생산된 유기농산물, 2) 제3세계 농민들이 생산한 공정무역 먹을거리, 3)

관행 농업(통상적인 방식)으로 생산된 지역 먹을거리. 정답은? 세 번째다. 왜? 무위당 장일순 선생이 일찍이 해답을 제시한 바 있다. "덮어놓고 자꾸 차원을 높이는 것은 안 됩니다…… 유기농업을 하는 농민뿐만 아니라 농약을 쓰고 화학비료를 쓰고 그러는 농민까지 안고 가야 합니다……" 소비자 입장에서야 질 낮은 유정란을 생산하는 생산자를 내치는 게 당장은 편하겠지만 그런 식으로는 결코 이 땅의 농민이 바뀌지 않는다는 것이다. 관행 농업으로 생산하는 농민들을 끊임없이 설득해내야 한다. 그게 생산자와 소비자가 모두 윈윈하는 길이라고 한다. 학교, 직장, 식당에서 지역에서 생산된 먹을거리를 구매하면서, 동시에 소비자가 유기농 먹을거리를 원한다는 시그널을 보내야 한다는 말이다. 격려, 인센티브, 꾸준하고 지속적인 진보의 방향 제시, 대중과 함께하는 운동 등이 이 교훈 속에 모두 들어 있다. 이것을 연대와 상생의 환경-생명운동이라고 불러도 좋을 것이다.

셋째, 이 책은 단순한 계몽을 넘어 책을 덮은 후에 무엇을 해야 할지를 가리키는 방향타 역할을 충실히 수행하고 있다.

적절하게 소개되어 있는 각종 참고자료, 필요하면 당장 인터넷을 통해 확인할 수 있는 국내외의 수많은 단체와 운동과 사례들, 그리고 무엇보다도 구체적인 영감을 통해 독자들의 의식을 자극한다. 필자들이 언론인이자 학구적인 자세를 유지하고 있는 전문가들이었으니 가능한 시도였을 것이다. 실제로 평자는 이 책에 소개된 참고문헌만 뒤져도 '먹을거리의 사회학'과 같은 강좌를 한 학기 동안 진행할 수 있겠다 싶은 생각이 들 정도였다.

넷째, 이 책은 우리의 먹을거리가 인간에게 존재론적으로 얼마나 근본적인 쟁점인가 하는 점을 상기시킴으로써 민주주의의 근본문제까지 짚어내고 있다.

따지고 보면 우리 인간은 일차적으로 우리가 먹는 음식들로 이루어진 생명체이다. 이것은 가장 초보적이자 환원 불가능한 원초적 가정에 속한다. 이런 전제에 대한 합의가 있어야만 형이상학이든 종교이든 철학이든, 다음 단계의 사고를 할 수 있다. 그런데 우리가 이러한 물리적 실존의 문제를 시장과 대기업과 로비 집단, 그리고 그들에게 놀아나는 정부에 맡길 수 있을 것인가? 이렇게 중차대한 문제라면 인간이 공동체에 뿌리를 내린 존재로서 집합적 차원에서 민주적이고 현명하게 결정할 수 있어야 할 것이 아닌가? 이것이 이 책의 저변을 관통하고 있는 문제의식이다. 바로 민주주의의 두 가지 원리 자체를 묻고 있는 것이나 다름없다. 즉, 먹을거리라는 렌즈를 통해 '민의 평등'(육신을 지닌 살아 있는 존재로서), 그리고 '민의 지배'(엘리트와 권력자가 아닌 풀뿌리 민초들이 자기 삶을 통제하는) 원리를 지금 여기에서 실천해보자는 것이다. 그래서 저자들은 식량 안보가 아니라 식량 주권을 이야기한다. 우리 존재의 근본인 먹을거리를 우리의 통제 바깥에 있는 먼 나라 시장논리에 맡기는 것만큼이나 반민주적인 행태가 어디에 있겠는가? 4대강을 살리겠다는 명분으로 양수리 유기농 단지를 엎어버린다면 세상에 그런 반생명적 정치가 또 어디에 있겠는가?

이러한 관점으로 본서를 읽어보면 왜 이 책이 2003년 목숨을 끊은 농민운동가 이경해씨에 대한 이야기로 시작해서 박진도 교수의 간곡한 인터뷰로 결론을 내리고 있는지를 잘 알 수 있을 것이다. 실존의 문제와 실현 가능한 진보의 문제를 실천-이론 양면에서 고민하고 있기 때문이다.

흔히 지구화에 대응하는 논리로 네 가지가 있다고들 한다. 지지, 거부, 개혁, 대안이 그것이다. 이 중 『밥상혁명』은 대안의 관점에서 지구화라는 흐름을 비판적으로 보는 입장이다. 그런데 반지구화 대안론은 공상적이고, 고립되어 있으며, 세상과 등을 진 소수파들의 은둔지향 행위, 아니면 비타협파들의 근본주의적 선택이라는 딱지가 붙기 쉽다. 그런데 이 책은 그런 고정관념을 보기 좋게 날려버린다. 대중과 함께, 실천 가능한 보폭으로, 상상력을 발휘하고 연대하자는 대안론이기 때문이다. 이른바 유토피아적 현실주의의 표본과도 같다. 이런 구체적이고 경험적인 주장 앞에서 우리가 설득당하지 않을 재주가 없을 성싶다. 자기 자신과 우리 이웃과 인류의 삶을 생각하는 독자라면 반드시 일독해야 할 책이라고 생각된다. 이 책의 부제가 왜 '세상을 바꾸는 21세기 생존 프로젝트'라고 되어 있는지, 절박하게 따져보면서 말이다.

조효제 (성공회대학교 교수)